세 관문을 통과하다

성철 스님의 세 관문 – 조사선(祖師禪)

한경혜 지음

작가의집

세 관문을 통과하다

성철 스님의 세 관문 - 조사선(祖師禪)

차례

프롤로그 · 7

제 1장 연밥 연꽃의 씨는 연꽃에서 나온다

우짜꼬?(어떻게 하나?) · 12
밥 한공기의 주인공 · 16
엄마와 성철스님의 만남 · 21
여자는 5전, 남자는 10전 · 32
성철스님께서 정밀하게 확인하는 선문답 · 34
거듭 정밀한 확인을 위한 결정적인 선문답 · 44
완벽을 위한 완벽 · 50
내면과 외면 · 53
선가禪家의 가풍 · 55
현재는 과거와 미래의 연결고리 · 58
마음의 무게 · 62

제 2장 바람과 비, 그리고 맑음

기나긴 오해와 진실 · 70
분명한 것은 물 샐 틈도 없다 · 78
이어지는 인연 · 80
옷 입은 채로 구정물 속으로 · 83

깨진 질그릇 · 89

성철스님의 함구와 침묵의 시간 · 92

미운오리새끼 · 97

엄마의 유년시절 · 100

엄마의 구경각 · 114

죽음보다 무서운 공포 - 아버지 · 120

운명보다 강한 의지 · 127

백련암 누룽지 사건 · 134

2개의 원상 · 139

박정희 장군 시절 이야기 · 142

보이지 않는 질서, 그 안의 움직임 · 145

거지가 동정하다 · 148

쉴 수가 있는 공간이라면 · 150

오후불식에 대해서 · 152

혜암스님 이야기 - 능엄주 공덕편 · 154

혜암 스님의 이야기 - 봉암사 결사 · 158

위악에 대해 1 · 160

자기 자신한테 이기는 것 · 162

세속적인 사회생활 · 165

우리집에서 참선하는 법 · 172

절을 하는 이유 · 182

제 3장 봄은 오래된 미래와 함께 계속 온다

껍질을 벗기다 · 188

상대와 대상 · 192

운문의 호떡 · 195

조주선사의 문답 · 197

마른 똥막대기 · 199

효봉선사의 오도송 선시^{禪詩} · 201

왕유의 시 중에서 · 204

동쪽 산이 물위로 간다 · 208

몸과 마음 · 210

몸과 마음 2 · 215

경전의 핵심 · 221

물과 달과 물에 비친 달 · 225

불이^{不二} · 227

흐르는 물과 같은 시간 · 230

우주를 유영한다면 · 232

에필로그 · 236

# 프롤로그

흔히 죽음이라는 단어를 다른 말로 "돌아가셨다"라고 표현한다.
원래대로 이 세상에 사람 몸 받기 이전의 상태로 돌아간다는 뜻이다.

이것은 "생(生)과 사(死)"를 하나의 개념으로 생각하기 때문에
무의식적으로 잠재된 현상 상태로서 자연적인 생태를
그대로 받아들이는 순응의 의미이다.

생(生)을 분석해 보면 그 안에는
사(死)라는 막연한 두려움과 행복에 대한 선택을 사후(死後)까지 연결시키는 '종교 의식'과 '생명본능의식'이 있다.

종교의식과 생명본능의식은 인간의 삶이라는 끈을 이어주는 역할을 한다.

역할론에 있어서 반 역할론으로 분석해보면
이 세상에 가장 오래되고 변하지 않고 계속 지속되는 사업은
어쩌면 '종교 주식회사'와 인체와 연관된 '생명본능 주식회사'
일지도 모른다. 이는 영원불멸한 사업이다.

지극한 신앙심을 금전화하면 그것은 자본이라는 의미로 극대화되어
종교는 '권력화' 되고 대중을 이끄는 하나의 권위적인 힘을
상징하기도 한다.
보이지 않는 거대한 종교의 힘은 좀 더 많은 세력을 모으기 위해
'전도' 와 '포교' 라는 명분아래 마치 다단계 판매처럼 사람을
현혹하기도 한다.
다단계 판매는 피라미드 구조처럼 되어 있어서 하부계층을 흡수하면
할수록 상부계층의 이익이 그만큼 극대화된다.
위로 갈수록 범위가 점점 좁아지는 만큼 권위와 부를 가질 수 있는
능력을 그들은 '공동체' 라는 표현으로 현혹한다.

공동체는 국가적인 차원에서 세금을 거두어들이고 공평하게 보호하는 법,
질서 행위부터 시작이 되어 행복을 보장하는 것처럼 참여하게 만들기
때문에 공동체는 국가의 존립을 위한 기본 의미로 바탕을 둔다.

종교적인 공동체는 종교를 지속시키려는 행위를 먼저 하고 번성하기 위한 목적으로 변칙 운용될 수도 있기 때문에 시민의식 공동체를 능가하며 세력 확장과 이익을 갈구하는데 문제가 발생할 수도 있다.

어쩌면 종교는 굴뚝 없는 관광산업보다 한 단계 더 나아가 호황과 불황에 상관없이 고정적인 수입원이 보장되는 신앙과 믿음을 담보로 한 변치 않은 산업이다.
모태자본은 옛 성인의 발자취이고, 영혼을 자극하는 언어를 창출할 수 있는 것은 간단한 신체구조면에서는 '목소리' 이다.
'목소리'의 호소력에 의해 종교 산업은 항상 우리 주위를 맴돌고 있다.

우리는 종교에 대하여 냉철한 분석과 이성적인 판단을 통해 한번쯤 재고해야 할 필요가 있다.

청순함을 말하다 / 45.5×53cm / 한지에 수묵담채 / 2010

첫 번째 이야기

연밥 연꽃의 씨는 연꽃에서 나온다

우짜꼬?
(어떻게 하나?)

엄마는 회상을 하지 않고 사시는 게 습관이 되어버렸다. 엄마의 삶을 들여다보면 폭풍처럼 지나간 젊은 시절 참으로 안타깝고, 애절한 많은 날이 있었다.

그래서 기억조차도 잊어버리기로 한 것 같다. 세상의 모든 어머니들의 시간에는 나름대로의 삶이 녹아있지만, 깊고도 크며, 평범한 삶을 사셨다고는 볼 수 없는 우리 엄마의 젊은 날. 수행과 삶이 함께 녹아든 그 시간은 결코 평범하지 않다.

그래서 나는 엄마의 젊은 날로 시간여행을 해 보려고 마음먹었다.

"타임캡슐을 타고 엄마의 젊은 날 선(禪)의 접근 방법에 대한 글을 쓰고 싶어요."

그러나 엄마는 단호하게 거절하셨다.

"하지마. 그냥 조용히 이대로 살다 죽을래."

"만약 세월이 지나고 엄마가 없으면… 그때를 생각해서 쓰고 싶어요."

"그만해라."

"다른 건 몰라도 선(禪)에 대해 알고 싶고, 궁금한 사람들을 위해 한번 쯤 시도하고 싶어요."

엄마는 말씀이 없으셨다. 다시 한 번 간절하게

"한번만…!" 이라고 말을 하며 부탁드리자 엄마는

"지난날은 목이 메여 할 말이 없어. 정말 할 말이 없어."라고 말씀하셨다.

"그래도 회상을 해 주세요."라고 간청했다.

엄마는 "이건 어쩌면 가득 찬 휘발유 통을 들고 활활 타는 불속에 뛰어드는 것처럼 위험한 일이 될 수도 있어."

"하지만 엄마 사후에 다른 사람들이 엄마의 살아온 시간들과 수행에 대해 알지 못한 채 후대의 사람들이 자기가 생각하는 구성대로 본의 아니게 진실이 오도되어 해석될 수 있는 소지가 있어요. 그렇기에 다른 사람들이 잘못된 편견으로 글을 쓰는 것 보다 내가 엄마의 삶을 조명하는 게 나을 것 같아요. 나는 각오가 되어 있어요. 이는 해를 손바닥으로 가릴 수 없는 것과 마찬가지이기 때문이지요. 진실을 밝힐 필요가 있어요. 사람들이 각자 수행에서 점검방식을 비교분석 할 수도 있잖아요. 이것은 막연함보다는 분명함이잖아요. 엄마와 성철스님의 문답이 간접적으로 도움이 되었으면 좋겠어요."라고 나는 다시 강력하게 요청했다. 사실은 몇 년 동안 엄마에게 간절히 요청했었다. 또 다시 좀 더 집요하게 간청했다. 그러자 나에게 이렇게 말씀하셨다.

"마치 전생의 일처럼 아득하기만 하구나. 그래도 네가 원한다면 조금씩 회상해보도록 노력해 볼게." 이어 말씀을 이어나갔다.

"난 자산이라고는 없었다. 자산이라고 있는 것이 내가 생각해도 기가 막힌 꼬장꼬장한 더럽고 치사하고 어리석은 아무것도 쓸모없는 '자존심'이라는 단어 하나만 가지고 있었다. 어떤 사람은 그래도 그것을 미화시킨 단어가 '열정'이라고 말하더라. 나의 열정은 끈질긴 삶을 이어가는 죽음 같은 희망 없는 삶의 연속이었다. 돌이켜 생각해보면 한없이 부끄러운 일이었는데, 부끄러움보다 그 생각이 들 시간이 없을 정도로 긴박했단다. 지금 내가 부끄럽다고 생각하는 것은 그사이 나도 세속에 많이 오염됐다는 증거일 수도 있다. 의지와 상관없이 상반된 환경의 삶을 그대로, 모든 것을 그대로 받아들이기로 했다. 큰스님과 주변 사람들의 반대에도 불구하고 내 방식대로 세속의 삶을 선택했으니 말이다. 그러나 후회는 안한다."

엄마의 말씀을 듣고 나니, 나는 마치 영화감독처럼 앞으로 전개될 엄마의 젊은 날에 대한 이야기를 스크린에 펼쳐놓기 위해 필름을 돌려가며 영화를 찍기 시작하는 것 같다.

그렇다. 엄마는 긴박했던 삶 속에서 선택이라는 시간을 맞이했었다. 인연의 끈과 살아갈 시간에 대한 선택, 큰 스님의 만류에도 불구하고 세속의 삶을 선택한 것을 후회하지 않는다고 하셨다. 폭포수 같이 떨어지는 물을 거스를 수 없듯이 흐르는 시간은 되돌아오지 않는다. 그러한 시간에 대해 어떠한 삶이든 인연법대로 가니까 어차피 피할 수 없는 운명이라면 그 운명을 그대로 받아들이고 그리고 다시 새로운 방향의 운명을 설계하면 되니까 라는 그런 사고방식이 내면에 깔려 있었던 것이다.

작가의 집 초기 문화체험장을 열며 (2002년)

밥 한공기의
주인공

　　엄마가 처음 백련암에 가셨던 날은 언제였을까? 그리고 성철스님을 처음 뵌 적은 언제였을까? 물론 내가 당시 7살 때 처음 성철스님을 뵈었는데, 그 전에 엄마는 먼저 스님을 뵈었다는 것은 알고 있었다. 때는 엄마가 28살 때 초봄. 해인사 백련암에 처음 가셨다. 그 당시에 주변의 기억나는 스님들이 누구였냐고 여쭤봤더니 원안스님, 원여스님, 원행스님이 기억 난다고 하셨다. 그때는 성철스님이 그렇게 큰스님인줄 몰랐다고 하셨다.

　　해인사 백련암에서 성철스님을 뵙게 된 연유에 대해 알아보기로 하자. 당시에 엄마는 결혼을 실패하고, 어린 두 딸들과 잠시 떨어져 있으면서, '어떻게 살아갈까?' '인생의 괴로운 날들에 대해 어떤 선택을 해야 할지…'에 대한 고민과 두 딸을 책임져야 되는 엄마로서의 의무와 책임에 대해서도 깊이 생각했다.

깊이 고민한 끝에 엄마는 '그래. 인생에 대해서 되돌아보는 기회를 가지고, 알게 모르게 지은 지난 젊은 날을 참회해 보자.'는 마음으로 근처 절을 찾아 갔다. 서울 서대문을 지나 구파발쪽 가까운 곳에 있었던 지금은 없어진 조그마한 절인 불광사에서 일주일 동안 참회기도를 시작했다. 참회기도를 하고 있는 도중에 향을 피우려는 찰나 문득 책 하나가 엄마의 눈에 들어왔다.

책 제목이 선명하게 인식되기 시작했다.

〔달을 가리키면 달을 쳐다봐야지 왜 손가락 끝만 쳐다보고 있나?〕

강하게 뇌리를 스친 이 책 제목이 엄마의 마음을 사로잡았다. 이는 어떤 스님의 법어였다. 책 속을 찾아보니 그 법어의 주인공이 바로 성철스님이셨다.

엄마가 성철스님을 알게 된 인연의 첫 걸음은 여기에서 시작된 것이다. 엄마는 책을 들고 그 글귀를 가리키며

"이 스님 어디에 계세요?"라고 당시 불광사 주지스님께 여쭈었다. 그러자 불광사 주지 스님 하시는 말씀이

"이 스님 찾아가지 마세요. 찾아가면 성질이 워낙 괴팍해서 몽둥이가 옆에 있으면 그 몽둥이로 맞아죽는다."라고 하는 바람에 엄마는 곰곰이 생각했다. 그리고 하시던 절을 다 마치고 난 다음에 아까 전에 불광사 주지스님께서 하신 말씀을 다시 떠올렸다.

'몽둥이로 맞아죽는다…! 그래. 이리 죽으나, 저리 죽으나 마찬가진

데. 스스로 생명을 끝내기도 힘도 드는데, 약을 먹고 죽으려면 약값도 들고… 그래. 죽여준다니 맞나아 죽어보자.' 하고 그런 마음으로 처소로 돌아왔다. 처소에는 친척할머니가 계셨다. 당시 엄마는 친척 할머니를 돌봐드리고 계셨는데, 옆에 계신 친척할머께 자초지종을 이야기하며 성철 스님을 찾아뵈려고 백련암에 가려고 한다고 말씀드렸다.

친척할머니는 엄마를 어릴 때부터 정신적으로 키워주신 분이나 다름없는 분이시다. 엄마의 말씀을 듣고 친척할머니께서는

"그러면 혼자가지마라. 그 스님 무섭단다. 나도 그 소문 들었다. 그럼 날 좋은 날 알아보고 그때 우리 같이 가자."고 하셨다. 주위 사람들이 모두 가지 말라고 한 그 만류를 뿌리치고 엄마는 혼자 홀로 해인사행. 즉 서울에서 대구까지 버스를 타고 대구에서 다시 해인사 행의 버스로 갈아타시고 가셨다. 서울에서 오전에 꼬박 내려간 것이 오후에 도착했다.

그때 엄마는 동행하는 사람 없이 혼자 가셨다. 저녁이 되어 도착하여 백련암에 들어서니 시자스님이 엄마에게 물어보았다.

"보살님. 혼자 왔습니까?"

"네 혼자 왔습니다."

"오늘 밥 임자가 보살님인가 봅니다."

시자스님께서 당시 그날 하루에 있었던 이야기를 잠깐 꺼내었다.

그날 아침부터 성철스님께서 시자스님 보고

"오늘 손님이 한 분 올건데 밥 준비를 해라."고 말씀하셔서 하루종일 밥을 따뜻하게 해 놓았다고 했다. 그래서 저녁때가 다 되어서 손

님 한분이 오셨는데, 그 한 분이 엄마였다.

그 시자스님이 엄마에게 혼자 왔느냐고 물어본 연유였다. 그 잠깐의 대화가 끝난 후 밥상을 차려줘서 서울에서 먼 해인사 백련암까지 온 엄마는 정신없이 맛있게 드셨다.

그때는 멋모르고 갔기 때문에 젊은 여자 혼자 기거하기에는 성철 큰스님의 법도에 허락되지 않았다. 그 대신 "개방하는 날이 아비라 기도[1]가 음력. 7월12일에 시작하니까 하루 전날이나 당일 날 새벽에 도착해야만 기도를 시작할 수 있다"며 시자스님이 전달하면서 "금강굴을 찾아서 그곳에 머무르고 가세요."라고 하였다. 그러나 엄마는 백련암에서 내려오는 길과 금강굴을 가는 길 사이에서 잠시 걸음을 멈추고 깊은 생각에 빠졌다.

금강굴로 가게 되면 그곳의 인연이 이어질 것을 생각하지 않을 수가 없었다. 한참을 그 갈림길의 자리에서 머물다가 발걸음을 집으로 향하였다.

---

[1] 아비라 기도는 중국 당나라 때 총림의 수행법으로 성철스님께서 일러주는 기도법이다. 업장을 참회하고, 자신을 내면을 바로 볼 수 있게 하는 기도법 으로써 기도의 순서는 예불대참회문으로 108배를 먼저 한 후에 바닥에 무릎을 대고 붙인 채 무릎위의 몸체는 세운다.(장궤합장을 한)허리를 꼿꼿하게 유지하며 두 손은 합장한 자세에서 30분 동안 비로자나 법신진언을 외우며, 능엄주를 하는 순서로 진행된다. 이렇게 몸을 움직이면서 즉, 절을 하면서 자신을 관하기도 하며, 염송으로 마음을 한곳에 집중시켜 들어가는 기도를 하면 1시간정도 소요가 되는데 이렇게 하면 1회가 끝난다. 첫날부터 마치는 날까지 횟수로 합하면 24회로 마무리 한다.기도하는 날짜는 정해져 있는데, 1년에 4번 하며, 음력 1월 4일에서 7일까지. 그리고 음력 4월, 7월, 12월에는 모두 12~15일까지 이다.

보금자리 / 60.5×72.5cm / 한지에 수묵담채 / 2010

엄마와
성철스님의 만남

엄마가 성철스님을 처음 뵈었던 날은 1982년 음력 7월이었다. 일전에 백련암에 갔을 때, 아비라 기도 때 오라며 기도가 시작되는 날을 전해 들었기 때문에, 엄마는 그날을 기억하고 있었다.

1982년 음력 7월 12일은 아비라 기도가 시작하는 날이었다. 엄마는 그 기도가 어떤 기도인지는 모르지만, 참석하기로 마음먹었다. 음력 7월 11일 기도 전날이다. 짐을 챙기는 등 만반의 준비를 하고, '드디어 백련암에 가는구나.'라고 생각했다. 그런데, 엄마는 그 전날 밤부터 잠이 오지 않았다고 했다. 그 앞날에도, 이삼일 전부터 그러니까 음력 9일, 10일, 11일. 엄마는 무언가 알 수 없는 작용에 의해 이상하게도 전혀 잠이 오지 않았다.

왠지 알 수 없지만… 음력 10일 – 11일 사이에 피곤이 조금이라도 누적되지 않게끔 하기 위해 미리 잠을 조금이나마 자두려고 아무리 청해도 잠이 오지 않았다. 시내버스가 다닐 시간을 계산해 보았다. 첫차를 타야하기 때문이다. 먼 길을 나서려면 미리 준비를 해두어야 한다. 엄마는 누워서 머릿속으로 내일 가야할 목적지에 대해 시간 계산을 하셨다.

'보통 새벽 4시 넘으면 첫 시내버스가 다니니까… 그때쯤 집에서 나오면 되겠구나.' 하고 엄마는 창원에서도 조금 떨어진 곳에 기거하고 있던 터라 일찍 준비를 하고 나올 채비를 해야 했다. 시외버스 주차장까진 시간이 걸리기 때문이다. 그래서 11일 새벽 4시 쯤 집에서 나와 백련암에 가려고 마음을 먹고 있었다. 이삼일 전부터 몸과 마음의 컨디션이 이상하리만치 잠이 전혀 오지 않았지만 한 번 더 잠을 조금이라도 청하려고 애를 썼다.

그런데 11일 새벽 1시 30분 정도쯤 되어서 엄마는 자기도 모르게 눈이 스르르 감겨버렸는지 모르겠지만 앉은 자세 그대로 눈이 잠시 감겼다. 놀라운 일이 벌어졌다.

세상에! 비몽사몽간에 성철스님께서 대문을 열고 들어오셨다.

엄마는 마루까지 걸어 나가면서 스스로도 너무나 놀라서서 스님께 "스님. 제가 스님에게 가려고, 4시 정도 시내버스 다니기 시작하면 그때쯤 나가서 시외버스 타고 가려고 하는데, 스님이 여기에 오시면 어떡합니까? 여기는 너무 누추하고… 스님. 이집은 스님이 잠시 머무르기에도 너무 불편하십니다."라고 말씀하셨다.

그 당시에 엄마가 머물렀던 집은 외갓집이었다. 모든 것을 정리하는 생각으로 몸을 잠시 기댈 곳을 찾아보았다. 기댈 곳은 엄마의 친정집인 외갓집 밖에 없었다. 머무르는 장소가 친정집이라면 편한 장소여야 하지만, 주변의 무언의 압박 같은 시선으로 인해 몸도, 마음도 편치 않는 상태였기 때문이었다.

엄마는 퍼뜩 다시 정신을 차리고 보았다. 스님께서 처소에 오시다니 너무나 기가 막힌 일이었다.

"스님 일단 오셨으니까, 방에 들어오셔서 앉으십시오."라고 하시니 스님께서 방으로 들어 오셔서 앉으셨다. 그때부터 엄마와 성철스님은 이야기를 나누기 시작하셨다.

그때 스님께서 엄마보고 막 나무라기 시작하셨다.

"이 세상을 너무 잘못 살았다. 왜 잘못 살았냐면, 왜 그렇게 일찍 결혼을 해서 그렇게 살고 있느냐." 너무나 나무라시고 꾸짖으셨다.

엄마는 "죄송합니다. 죄송합니다."라고 하시며 펑펑 눈물을 쏟으셨다. 눈물을 쏟으면서도

"미안합니다. 미안합니다."라는 말만 되뇌셨다.

그러자 스님께서 "할 수 없지. 일이 이렇게 됐는데. 이제 어떡하니? 지금부터는 전처럼 살지 말고, 이제는 네가 생각하는 의도대로 반듯하게 살아야지."

"네, 알겠습니다."

그렇게 말씀하시고 엄마는 고개를 들어 창문 쪽으로 눈을 옮겼다. 창문 밖을 쳐다보았다. 여름날이라 창문을 열어 놓고 있었는데 열려진 창 사이로 별이 무수히 반짝거리고 있었다. 캄캄한 밤하늘에 별이 가득한 광경을 쳐다보고 있다가 엄마는 스님께

"스님. 제가 4시 정도에 나가서 백련암에 가려고 하는데, 그때 까

지 한 두 시간 정도는 쉴 수 있는 시간상 여유가 있는 것 같아요."라고 말씀하시며 이불을 펴 드렸다.

스님도 이불 위에 가부좌를 하시고 창문 사이로 펼쳐진 별들을 쳐다보시고 계셨다. 엄마는 스님께서 조금이나마 편안하게 휴식을 취할 수 있도록 해야 되겠다고 판단했다. '스님께서 한 시간 내지 두 시간이라도 편하게 쉬시게 만들어야 되겠다.' 라는 생각에 손을 올려 벽에 있는 전등 스위치를 끄려고 하는 순간 잠에서 깨어버렸다.

비몽사몽간에 깨고 보니 엄마의 손은 앉은 자세에서 벽의 스위치에 올라가 있었다. 너무도 놀라운 일이었다. 그때 그 당시에 비몽사몽간에 깨고 나니까 딱 2시였다. 비몽사몽간에도 스님께서 1시 30분에 오셔서 30분 정도 이야기 나누며 시계를 보니 2시였고, 잠시 스님께서 편하게 쉬시게 하려고 손을 올려서 벽의 스위치를 끄려고 하는 순간에 깼는데, 엄마 본인의 손도 깨고 보니 벽 쪽으로 올려져 있었다.

시계바늘이 가리키는 곳은 딱 2시였다고 한다. 시간이 딱 맞아 떨어졌다. 이상하다 싶어 두 시간을 더 기다리다 첫 시내버스를 타고 마산 시외버스 주차장에 갔다. 이제 시외버스를 타고 백련암에 올라가게 되었다. 여기서부터 기가 막힌 일이 벌어지기 시작했다.

무슨 일이 벌어졌냐면, 엄마는 각기 다른 지방에서 기도하러 몰려드는 사람들 보다 일찍 백련암에 도착 했다. 몇몇 사람들이 눈에 들어 왔다. 엄마는 가방을 든 채로 전경을 둘러보고 있는데, 사람들이 웅성웅성 거리기 시작했다. '무슨 일이지?' 하며 웅성거리는 쪽을 쳐다보았다.

어떤 사람이 밀짚 삿갓 모자를 쓰고 지나가는 것을 보았다. 갑자기

사람들이 밀짚 삿갓 모자를 쓴 사람을 향해 일제히 땅바닥에 엎드려 절을 하기 시작했다.

　엄마는 눈앞에 펼쳐진 그 광경을 유심히 관찰하기 시작했다.

　'왜 절을 하지?' 하면서 쳐다보았다.

　'왜 저렇게 땅바닥까지 엎드려서 절할 필요가 있나?'

　'왜 절하는 거야?' 하고 의문이 생기는 동시에 그 상황자체가 놀라웠다. 엄마는 어떤 한 사람을 향해 사람들이 땅바닥에 엎드려서 절하는 그런 광경을 처음 목격했다. 절을 하는 사람들의 시선이 향해있는 사람이 스님이라는 것을 감지하고 놀라운 광경이 벌어지는 상황에 대해 생각하던 찰나에 밀짚 삿갓 모자를 쓴 노스님이 엄마 가까이 오기 시작했다. 사람들의 시선은 이제 엄마와 스님에게 고정되기 시작했다.

　엄마는 노스님이 가까이 오자 정지된 듯 그 자리에 서 있었다. 멍하니 가방을 든 채로 말이다. 밀짚 삿갓 모자를 쓴 노스님이 손끝으로 모자의 모서리를 약간 들어 올리며 엄마를 쳐다보았다. 너무 놀란 일이 벌어졌다.

　새벽에 본 그 얼굴에 그 옷차림 그대로의 사람이 쳐다보고 있는 것이었다. 노스님의 옷차림은 여름인데도 내복차림 비슷한 걸 입으셨다. 성철스님이셨다. 엄마는 너무 놀라셨다. 엄마는 성철스님 얼굴을 쳐다보고 있다가 고개를 갸우뚱 하고 살짝 오른쪽으로 돌리셨다. '아!' 하는 마음속 감탄사의 나지막한 외침에서 의아함과 동시에 기가 막혔다.

　엄마는 다시 스님을 쳐다보았다. 성철스님은 막 웃으셨다. 그런데 웃는 얼굴에서 느껴지는 힘은 보통 사람들이 만날 때 처음 만나서 잠깐 이야기 나누었다 다시 만나면 '이 사람 어디에서 봤어, 만난 적

있어.' 하는 처음 만날 때보다 약간의 안면 있다는 친근감. 그런 느낌이 있는 것 같은 표정이었다. 한번 만났는데, 다시 만난 사람처럼 그런 표정이었다. 다시 한 번 엄마는 기가 막혔다.

그렇게 두 사람이 쳐다보는 광경이 연출되고 주변의 사람들의 시선이 일제히 집중되자 엄마는 엉겁결에 두 손을 모으며 합장을 했다. 스님이 한 두 걸음 가시는 것을 보고 엄마는 합장한 손을 서서히 풀며 생각했다. 엄마는 '이 무슨 조화란 말인가?' 라는 생각에 기가 막혀 고개를 45도 아래 방향으로 하고 시선은 땅바닥에 두었다.

또 생각을 했다. 새벽에 일어난 일과 지금 벌어지고 있는 일상에 대해 다시 생각을 해 보았다. 그런데 성철스님께서 두 세 걸음 가시다가 뒤돌아서서 다시 엄마를 한번 쳐다보았다. 엄마는 다시 쳐다보면서 또 놀라셨다.

'분명히 어제 밤에 오셨는데. 난 저 스님을 봤는데 옷 입은 모습하고 그 얼굴이 맞는데…'

엄마는 사람들을 볼 때 자세하게 보는 습관이 있으서서 사람에 대한 기억은 정확한 편이시다. 또 쳐다보고 있다가 사람들의 시선이 있어서 엄마는 다시 두 손을 모으고 합장을 했다.

'아! 이건 꿈이 아니다. 옷도 분명히 맞았다. 아니야. 어제 밤에 분명히 오셨었어.'

다시 생각하고 있는데, 스님이 너 다섯 걸음을 옮기신 후 걸음을 멈추시고 뒤돌아서서 다시 엄마를 쳐다보고 가셨다. 엄마도 기가 막혀서 자세히 보기 시작했다.

또 봤는데도 '비몽사몽간에 본 그 차림이 맞다…'

사람들이 우왕좌왕 하며 기도처를 찾고 있을 때 엄마는 가방을 들고 스님 옆에 가셨다.

엄마는 스님께 "스님. 나는 어젯밤 꿈인지 모르겠지만 난 어제 스님을 뵈었는데, 스님께서 아시지 않으세요?" 엄마는 따질 듯이 물어보았다.

그러자 스님께서 하시는 말씀이 "나도 본 것 같기도 하고, 안 본 것 같기도 하다."라고 하셨다.

그리고 이어서 "잊어버려라." 말씀하셨다.

본 것 같기도 하고, 안 본 것 같기도 하다. 라는 말에 대한 의미는 꿈속의 꿈처럼 전생과 함께 현생의 시간적 공존을 말하는 것이다. 그것은 전생의 인연과 현생의 인연을 동시에 말하는 것이다. 따지고 보면 본 것은 꿈에서는 분명히 봤지만, 실제 상황은 아니다. 실제적으로는 안 보았으니까 논리적으로는 맞는 말이었다. 기가 막혀서 엄마는 멍하게 쳐다보았다.

이전에 엄마가 성철스님을 뵙고 싶어서 백련암에 찾아 갔을 때에는 시자스님한테 "손님 오시니까 밥 준비하라." 해서 엄마에게 밥을 주셨고 그때는 직접 나타나지 않으셔서 만나지는 못했다. 이번이 처음 성철스님을 뵙는 자리였다. 이어 가방을 들고 서 있는 엄마보고

"너는 저 위에 있는 관음전으로 가거라."라고 말씀하셔서 엄마는 가방을 관음전에 놓고, 기도를 마칠 때 까지 그곳에 기거를 했다. 당시 아비라 기도 하는 곳은 큰 법당을 비롯해서 관음전, 원통전을 포함하여 맨 땅바닥인 마당에서까지 범위가 확장되었다. 워낙 기도하는 사람이 많았던지라 마당에 천막을 쳐서 그 자리도 말할 것 없이 포함해

서 자리를 만드는 여러 곳이 기도처가 됐다. 각 처소가 정해지면 기도도 하고, 숙식도 그곳에서 해결해야 한다. 때문에 기도하러 온 사람들이 우선순위에 두어야 할 것은 바로 처소를 정하는 일이다. 어느 처소가 정해져서 수용할 수 있는 인원이 다 차면, 그곳에는 못 들어가고 다른 곳으로 가서 기도를 하곤 했다.

그날 관음전이 처소로 정해진 엄마는 스스로 물 당번을 하기로 했다. 관음전에 있는 사람들을 위해 물 컵과 물을 가져다 주는 일을 맡으셨다. 공양간 앞에 있는 수각에서 물을 떠서 물이 든 주전자와 컵을 갖다 놓으려고 걸음을 옮기시는데, 시야에 성철스님이 보였다.

성철스님께서는 엉성하게 줄넘기를 하고 계셨다. 그 당시에 엄마는 스님께서 다리가 편찮으셔서 회복하려고 줄넘기를 하시는지 몰랐다고 했다. 그렇지만 아주 편한 상태로 성철스님께 엄마가 넌지시 선문답을 던졌다. 뜻밖의 상황에 성철스님께서 약간 놀란 눈동자로 엄마를 응시하기 시작했다. 첫 선문답은 이렇게 시작되었다.

"스님, 와그리 못하십니까?" 라고 엄마가 물음을 던졌다.

스님께서는 "왜 내가 못해? 해인사 대중 모아 놓고 하나. 둘. 셋 까지 할 줄 안다." 그러자 엄마는

"그것 밖에 못하십니까?" 이러한 문답에 스님께서는

"너는 얼마만큼 하는데?" 라고 말씀하셨다.

엄마는 오른쪽 손가락을 펴며

"1. 2. 3 . 4. 5. 이렇게 다섯 까지 할 줄 압니다."

엄마가 그렇게 말씀하시니까 스님이 놀라셔서

"그럼 너거 아 데리고 와 봐라."

"스님 우리 아가 몇 살인지 스님이 알아맞혀 보이소."

그렇게 말하고 엄마는 아까 들고 있던 물 주전자와 컵을 가지고 관음전으로 올라가 버렸다. 관음전으로 올라가는 계단은 조금 가팔랐다. 엄마는 가파른 계단을 차례차례 딛고 아무 일 없는 듯이 그렇게 올라가 버렸다.

아침부터 시작된 기도를 마치고 시간이 지나 이윽고 점심시간이 되었다. 각 처소마다 공양간에서 점심밥이 담긴 그릇들을 나르기 시작했다. 밥 먹는 식탁은 따로 있지 않았다. 그저 방바닥에 밥하고 반찬하고 그릇 등을 날라다 갖다놓고 두루두루 삼삼오오씩 짝지어 앉거나 혹은 둥근 원을 그리듯이 그렇게 모두들 앉아서 밥을 먹고 있었다. 점심공양을 한참 하고 있는데, 성철스님께서 관음전의 가파른 계단을 올라오셨다. 엄마는 스님이 오신 줄을 몰랐는데, 주변에 계시던 분들이 즉, 같이 밥을 먹고 있던 보살님들이 전부 숟가락을 놓고 일어나서 합장을 하고 계셨다. 거기에서 절하는 사람들도 옆에 있었다.

구석에서 밥을 먹고 있던 엄마는 '무슨 일이지? 또 왜 이러지?'라고 생각하며 일제히 향하는 곳을 쳐다보았다.

그곳에서 사람들이 하는 행동은 처음에는 참 신기했었다.

'여기는 이것이 법도인가?' 하는 생각이 들었다.

성철스님께서 관음전 안에 있는 대중들을 향해 이윽고 말씀하셨다.

"이 중에서 제일 나이 어린 사람 나와 봐라."

엄마는 밥 먹는 숟가락을 놓지는 않고, 숟가락을 들고 앉아 있었다.

"이 중에서 제일 나이 어린 사람 나와 봐라."

그때 그 당시에 부산에 사시는 대각성 보살님이 계셨다. 그 보살님께서는 당시 29세였다.

부산 사람들이 대각성 보살님을 가리키며

"이 사람이 제일 어립니다. 제일 어릴 겁니다."라고 거들며 말을 했다. 성철스님께서 대각성 보살님 보고

"너 몇 살이고?" 그러자 대각성 보살님은

"29살예."

앉아서 숟가락을 들고 있는 엄마한테 성철스님은

"너는 몇 살이고?"

"28살예."

성철스님께서 엄마 보고 하시는 말씀이

"니 아까 전에 너거 아 몇 살인지 말해보라 그랬재?"

엄마는 앉아서

"예."라고 숟가락은 들고 있는 채로 짧게 대답했다.

"너거 아는 국민학교 5학년이다.[2]"라고 말씀하시자 사람들이 웅성웅성 거리기 시작했다.

---

2. 여기에서의 『본지풍광(本地風光)』은 성철스님께서 생전 1982년도 12월에 나온 책을 기준으로 한다. 『본지풍광』 339쪽 〔향상의 길〕과 연관시킬 수 있다.
"석녀가 문득 아이를 낳으니 四月 보름이로다." (이 뜻은 엄마와 나의 관계를 말하는 것이다. 나의 그동안의 성장 시간은 엄마 입장으로 보면 정지된 시간. 즉 죽음과 같은 결제일이 시작되는 시간이었다. 정지된 시간 후에는 둘 다 많은 사람이 알게 될 것이다. 라고 미래의 시간을 미리 말씀하셨다.)

'저 28살 먹은 사람의 애가 왜 국민학교 5학년이야?'

'5학년 애가 있다니 말이 안된다.'

'지금 저 여자 나이에 그런 애가 있나?'

'그렇게 따지고 보면 초등학교 7살 때 1학년이라고 치면 5학년이면 11살인데, 그럼 15-16살 중학생 정도 되는 나이에 애를 나았다는 말인가?'

사람들은 놀래서 엄마를 쳐다보았지만, 엄마는 성철스님께서 하신 말씀이 어떤 의미인지 알았다.

엄마는 일어서서 합장을 하고 돌아서서 있는 밥을 마저 드셨다. 민생고를 해결하는 동안에 스님은 내려가셨다. 그리고 아비라 기도가 시작 되었다.

아비라 기도의 일정이 하루 끝나고 관음전에서 엄마는 잠을 자려고 했다. 그런데 아까 낮에 성철스님께서 줄넘기 하시는 소리가. 그러니까 줄넘기 할 때 땅이 쿵! 쿵! 거리는 소리가 엄마의 귓가에 맴돌았다. 쿵! 쿵! 하는 소리가 너무 크게 들렸다. 환청이 아니라 공간에 저장된 소리였다. 만약 이 소리가 환청 같으면 엄마가 어젯밤 비몽사몽간에 꾸었던 것도 이상한 일이기에, 엄마는 스님에게 확인을 한 것이다. 엄마는 당시에 꼭 집고 넘어갔어야 될 문제였다.

엄마 자신 스스로가 '내가 미쳤나? 돌았나? 내가 제정신이 아닌가?' 하고 말이다. 그래서 확인을 한 것이었다.

"나도 본 것 같기도 하고, 안 본 것 같기도 하다. 잊어버려라."라고 스님이 대답해 주지 않았던가! 엄마가 겪은 일은 실제 상황이었다.

환청도 아니었다.

여자는 5전,
남자는 10전

다음날 아비라 기도가 시작되었다. 엄마는 저녁을 먹고 설거지를 마치고 돌아오는 길에 성철스님을 뵈었다. 성철스님은

"여자는 5전이고, 남자는 10전이다."라고 말씀하셨다.

여자는 반이라고 말하고, 남자는 하나라고 이야기 하신다.

여자는 5이라고 말씀 하신다.

성철스님께서 말씀하신 이 소리를 엄마는 알아 들으셨다.

이유인 즉.

외할아버지께서 술을 드실 때 항상 하시는 말씀이

"아이고. 5전 짜리나 10전 짜리나 같~다."라고 하셨기 때문이다.

"5전 짜리나 10전 짜리나 똑같다. 10전 짜리라고 특별할 줄 알았는데 그게 아니고 똑같더라."

그렇게 말씀하시고 주무시곤 하셨다.

그 말은 '딸이나 아들이나 같다.' 라는 의미로 외할아버지께서 자주 하시는 말씀이셨다.

백련암에 와서도 외할아버지께서 하셨던 말씀 그대로 성철스님께서 엄마보고 넌지시 알아들으라고 말씀하셨다.

여자는 반이라고 하신다. 5이라고 하신다.

엄마는 속으로

'어디서 듣던 소리구나. 여기서도 그런 소리를 하는구나. 여기에서 익숙한 말을 듣네…'

성철스님의 말씀에 엄마는 혼자서 조용히 웃고 관음전으로 가셨다.

성철스님께서
정밀하게 확인하는
선문답

다음날(음력 7월 13일) 이었다.

여름날 법당 앞마당에는 수국 꽃이 가득 피어 있었다. 너무나 탐스럽게 피어 있었다. 양손으로 수국을 감싸듯이 만지면 손안에 그 향기가 가득 번질 것 같은 느낌이 들었다.

엄마는 사람들과 이야기 하고 시간을 보내기 보다는 수국을 보며 손을 둥그렇게 감싸면 손 안에 들어올 듯이 느껴지는 수북하지만 부드러운 촉감을 즐기고 있었다. 이렇게도 만져보고, 저렇게도 만져보며 엄마는 수국을 가지고 혼자서 잘 놀고 계셨다. 뜰아래에서 꽃을 보고 놀고 있는 엄마에게 성철 스님께서 오셔서 이번에는 쌍차쌍조(雙遮雙照)[3]로 먼저 선문답으로 물어보았다.

"니 뭐하러 왔노? 여기 뭐하러 왔노?"

그 말씀에 엄마는

"그냥. 오고 싶어서…"

라고 쌍차쌍조로 대답했다. 그러자 성철스님께서 다시 질문을 던지신다.

"니 소원이 뭐꼬?"

라고 물어보셨다. 그 당시 엄마는 정말 환경적인 면이 '진퇴양난'이었다. 여러 가지로 어려웠다. 잠을 잘 곳도 없고, 어린 두 딸을 데리고 어떻게 살아야할지 막막했으며 고민도 많았던 시기였다. 엄마 혼자서 할 일도 생각해 보고 할 것도 많았던 시기였다.

그런데, 막상 스님께서 소원이 뭐냐고 물었을 때에는 엄마는 소원이 없었다.

스님의 물음에 엄마는

"소원은 없습니다. 스님 오래 사이소." 라고 대답하자 스님께서는

"오냐 내가 앞으로 10년 정도는 더 살 것 같다." 라고 말씀하셨다.

음력 7월 15일 아비라 기도를 마치고 엄마는 가지고 왔던 짐을 챙

---

3. 쌍차쌍조(雙遮雙照)는 두 가지를 동시에 말하는 것이다. 예를 들어 선가에서는 "바람이 불면 물결이 일어난다." 라는 것은 두 가지를 함께 말하는 것이다. 바람과 물결 두 가지를 함께 묶어서 말하는 것을 雙遮雙照라 하는데, 이것은 雙遮에서 '遮' 와 雙照에서 '照' 를 합해 동시에 일어나는 것을 遮照同時라고 하며, 2가지가 함께 일어난다는 뜻으로 쌍차쌍조가 으뜸이라고 한다면 차조동시는 버금이라고 할 수 있다. 비슷한 문맥과 언어와 뜻으로 등장하지만, 약간 다른 형태와 방식이다. 면밀히 살펴보면 같은 부모 밑에서 태어난 같은 핏줄을 형제라고 말할 수 있지만, 동시에 형님과 동생으로 나누어진다.

기고 나서 기거했던 방을 청소하고 있었다. 같이 기도를 했던 사람들은 이제 일상 생활로 돌아가기 위해 백련암을 하나 둘 씩, 한꺼번에 줄지어 밀려가듯이 떠나고 있었다. 떠나고 난 자리를 보니 기도할 때 땀을 닦았던 수건들을 버리고 가는 사람들이 많았다. 엄마는 그 와중에 젖은 수건, 내버리는 수건들을 봉지에 담기 시작했다. 그냥 내버리기엔 아깝고, 처치 곤란할 정도로 너무 많은 수건들이 버려져 있었다. 그 수건들을 집에 가지고 와서 푹푹 삶아서 쓰면 제법 쓰겠다 싶어서 한가득 담아 양손에 들고 집에 가려고 준비를 했다. (어린 시절에 나는 엄마가 어디에서 수건을 가득 가지고 오셔서 빨래를 해 건조대에 엄청 많은 수건이 널려 있었던 기억이 났다. 공짜(?)로 생겨 새 것으로 변신한 수건들을 거의 한 10년 정도 쓴 것 같다.) 가방을 메고 양손 가득 수건을 담은 봉지를 든 채로 방에서 나왔는데, 스님도 방에서 나와 마당을 거닐고 있던 찰나에 엄마와 자연스럽게 마주쳤다.

성철스님께서 이번에는 구경각에 의한 질문을 던지셨다.

"너거 집이 오데고?" 라고 물어보셨다.

엄마는 그 물음에 '아!' 스님이 무슨 의도로 묻는지 아셨다.

스님이 물어보신 연유는

'너 마음이 어디에 모여 있느냐? 어디 있느냐?' 라는 것이다.

그래서 엄마는

"내가 집이 어디 있습니까? 집이 없습니다."

'나는 마음이 모이는 곳은 없습니다.' 라고 말씀 드렸다.

구경각에서는 모이지도 않고, 시방에 모이는 곳은 없다 라는 것이다.

그러자 다시 스님이 물어보셨다.

"그라모 고향은 어데고?"

엄마는

"집도 없는 사람이 고향은 우째 압니까? 모르겠습니다."

여기에서 성철스님께서는 '집'과 '고향'으로 '구경각'의 경지를 확인 차 아주 날카롭게 넌지시 거꾸로 떠보는 의미이다. 그렇지만 엄마는 '집'은 없습니다. 즉 '모이는 것은 없습니다'라고 답하는 대목이며 '고향'도 마찬가지로 '그 이상 향하는 것도 없다'라는 뜻으로 말씀드렸다. 다시 한 번 말하자면, '집'과 '고향'이라는 것에서 '집'은 모인다는 의미이고, '고향'은 '더 이상도 할 것이 있느냐'는 뜻이다. 그러나 구경각은 법계의 공기와 같아서 손으로 만지거나 쥘 수도 없으며 물건처럼 보여줄 수 없는 것이다. 아주 투명한 공기와 같은 것이기 때문이다.

이것은 예를 들자면 태양빛의 파장처럼 손으로 잡을 수도 없고 만질 수도 없다. 그렇지만 태양빛은 생명력을 가진 동식물 또는 생물들의 존립성 확보에 꼭 필요한 요소이다.

다른 표현으로는 생명을 가진 물상의 형태가 있다고 한다면, 그 물상이 생성이 되면 그 형상에 합류하여 존재하였다가 생명이 다해 소멸할 때에는 그 형상에서 빠져나와 공기에 포함되어 머물고 있다. 그러다가 다시 생명체가 생성될만한 조건이 되면, 그 생명체가 가진 형상의 그릇만큼 그대로 물과 같이 담겨져 있다고 보면 된다. 연관시켜 말하자면 허공이 물질이고, 물질이 곧 허공이라는 것과 같은 이치로 생각하면 된다.

그래서 모든 사람들이 찾는 곳은 '구경각' 속에 있더라고 대답하는 대목이다.
'모르겠습니다.' 라는 말은 있다, 없다 라고 단정 지을 수 없는 일이기 때문이다.
'없다' 라는 말이다. '없다 라고 해서 없다고 볼 수 없는 것' 이다.

이번에는 돈오돈수(頓悟頓修)[4]로 성철스님께서 엄마에게 물었다.
"그러면 너거 엄마가 돈 얼마나 주더노?"
여기에서 '돈' 이라는 것은 '돈오돈수' 를 이야기 하는 것이다. 엄마는
"어찌 돈 뿐이겠습니까?"

---

4. 참고로 성철스님의 돈오돈수 장사는 유명하다.
많은 사람들한테 돈(頓)을 물어보셨다.
사람들은 여기에 대해 가지각색으로 답을 하였다.
예를 들어서 어떤 사람은 이를 알아듣지 못하고, money로 해석하여 자기 수중에 있는 돈을 그대로 말하는 사람이 있는가 하면, 3천배 절을 하시는 분들도 있고, 5천배 하는 사람도 있고, 며칠 걸려서 만배 하시는 분들도 있고, 여러 가지로 대답을 하였다.
내가 어릴 때에도 주위 사람들한테 성철스님께서는 인연이 있어서 오가는 사람마다 "돈이 얼마 있느냐. 내어놓아 보아라." 라고 수행의 경지를 많이 실험하셨다.
그런데 사람들은 그것이 돈오돈수 선문답이라는 것을 알지 못했다.
큰스님께서는 자비심이 엄청 많다고 볼 수 있다. 그것은 수행에 인연 있는 사람들에게 여러 각도로 선문답을 던지셨다. 일반사람들이 제일 쉽게 알 수 있는 것은 "너 돈 얼마 있나?" "돈 가진 것 내어놓아 보아라." 높고 낮음 없는 귀천도 없이 평등하게 다 선어로 던지셨다. 다만 눈 밝은 사람이 없어서 못 알아들을 뿐이었다.

"그럼 또 뭐꼬?" 엄마의 대답에 다시 물어보셨다.

"(엄마는 법복을 입고 있었는데 엄마자신을 가리키며) 여기 있는 법복까지 같이 주던데요?"

엄마의 말씀에 성철큰스님은 놀란 눈으로 엄마를 바라보셨다.

그래서 엄마는

"걸리는 게 없습니다." 라고 말씀하셨다.

성철큰스님께서는 차분한 음성으로 다음과 같이 말씀하셨다.

"너도 나처럼 큰 일 내겠구나."

스님의 섬세하고 세밀한 그리고 찰나의 빈틈없는 조사선으로 스님의 점검방식은 음력 10월 상사일 즉 10월 초순에 세 관문을 다시 실험하였다. 그것은 여기에서 적을 수가 없다.

왜냐하면 스님은 말이나 언어 대신에 세 번의 각각 다른 날카로운 눈빛이 통하는 불립문자이기 때문이다. 석가모니부처님께서 영산회상에서 연꽃을 들어보이자 많은 제자들 중 그 뜻을 제자 가섭만이 알고서 미소로 답한 것처럼, 이것은 불립문자인 동시에 직지인심으로 전한 것이다.

이러한 법은 오조(五祖) 홍인대사가 육조(六祖) 혜능에게 인가하고 법을 전할 때도 마찬가지이며 역대 모든 조사의 법은 마음에서 마음으로 전하는 것이다. 이것은 『본지풍광』에 스님과 엄마가 만나기 전에 미리 법문을 해 놓으셨다.

비유법으로 한 화살이 세관문을 뚫으니 시월 상사일이로다. 〔참조 1982년 『본지풍광』 407쪽〕

그렇게 문답이 끝나고 엄마는 백련암에서 나와서 집으로 돌아오셨다.
엄마는 며칠 있다가 스님께 편지를 보내셨다.
편지라고 할 것도 없이 조그마한 쪽지를 보내셨다.

〔고 구 마 전 분 5 포 대〕

엄마가 보낸 이 쪽지의 의미를 성철스님은 아셨다.

스님을 만나 뵙기 전에 비몽사몽 성철스님을 뵌 것도 그렇고, 다시 한 번 더 가서 확인을 해봐야 될 일이 있어서 다시 백련암으로 올라가셨다. 백련암 가는 길은 교통편이 여의치 않고, 산으로 걸어서 올라가야 되기 때문에 새벽에 나와서 첫 버스를 타고 출발해도 항상 점심시간에 도착했다.

도착해보니 그때 대각성 보살님과 부산에서 온천장을 운영하시는 보살님 등등 같이 기도하러 오신 보살님들이 몇 분 계셨다. 백련암에서는 처음 오시는 분들은 3천배를 하는 게 기본으로 되어 있는데, 성철스님께서는 엄마보고 5천배를 하라고 하셨다. 엄마는 당시에 5천배를 하셨다. 다 같이 점심을 먹고 있는데, 성철스님께서 평소에는 보살님들이 기거하고 밥 먹는 방에는 잘 안 들어오시는데, 신발을 벗으시고 방까지 들어 오셨다.

성철스님께서는 엄마가 쪽지를 보내고 난 뒤에 엄마의 일거수일투족을 관찰하기 시작했다. 심지어 밥 먹는 것 까지도 말이다. 엄마의 행동 하나하나를 파악하기 시작하셨다.

그때 엄마는 생각했다.

'큰 스님께서 금방 일어날 태세도 아닌 것 같고, 밥 먹는 것 멈추기도 그렇고, 에라 모르겠다.'

맛있게 밥을 다 먹고, 반찬까지도 싹쓸이 하듯이 깨끗이 다 드셨다. 포만감에 기분이 좋아서 엄마는 배를 살짝 두어 번 두드리면서 겸연쩍게 웃었다.

엄마의 행동 하나하나를 다 쳐다보시고 가만히 관찰하고 아무 말씀 없이 근처에 앉아서 계속 보고만 계셨다. 그러면서 스님께서는 가끔 기가 막힌 눈으로 쳐다보시고 계셨다. 처음에는 엄마가 스님을 보고 놀라셨는데, 이제는 엄마가 쪽지를 보내고 난 뒤에 스님께서 기가 막혀 놀라셔서 쳐다보고 계셨다.

엄마를 쳐다보시고, 관찰하면서 쳐다보셨다. 스님께서 엄마를 일전에 봤을 때

"여자는 5이고 남자는 10이다."

"여자는 반이고, 남자는 하나다." 라고 말씀하셨는데,

엄마가 보낸 쪽지에서 [고구마 전분 5포대]라고 보냈으니 말이다. 스님께서 이 쪽지를 보시고 너무나 놀라서 엄마를 보고 또 보고, 하는 것 마다 유심히 보셨다.

그날 엄마는 밥을 드시고, 절을 하기 시작했다. 절을 하다가 3천배가 넘으니까 처음 하는 5천배라서 조금씩 졸음이 몰려오기 시작했다.

관음전에는 엄마 혼자서 절하고 계셨다. 낮에는 낮잠을 금하였지만, 두리번두리번 사방을 살핀 결과 관음전 상당 밑에 초와 향, 그리

고 경책을 놓아두는 장소를 발견했다.

　마치 사람 하나 누울 정도의 시체가 들어 갈 수 있는 "관" 같은 크기였다. 그래서 옆의 작은 미닫이문을 열고 아까 전에 놓여 있던 물건들을 몽땅 옮겨 놓은 다음 엄마는 다리 하나부터 먼저 넣고, 몸통 그리고 머리는 맨 나중에 넣고 미닫이문을 닫으니 이불도 필요 없는 참으로 아늑한 곳이 되었다. 시간이 흘러 식사 시간이 되어서 시자스님이 찾으러 다녔지만, 신발만 있고 사람이 없는 꼴이 되어 버렸다. 엄마는 한숨 자고 일어나 문을 열고 나오다가 스님한테 들켰지만, 절의 규칙도 모르는 사람이라 그냥 넘어갔다고 했다. 나머지 2천배 절을 다 하신 후 백련암에서 내려오셨다. 우리엄마도 참. 어찌 그런 곳까지 들어가서 잠을 청한 그 용기가 재밌게 느껴졌다.

　엄마가 올라갔던 이유는 스님께서 엄마가 보낸 쪽지를 보셨는지, 안 보셨는지에 대해 확인을 하려고 올라가셨다. 스님은 그 쪽지를 보시고 너무나 놀라셔서 엄마의 모든 행동이 관찰대상이었다. 그것은 일반 사람들이 알지 못하는 전달 상황이었기 때문이다.

마음을 읽다 / 45.5×53cm / 한지에 수묵담채 / 2010

거듭 정밀한 확인을 위한 결정적인 선문답

그 후 며칠이 지나고 그 다음 이어지는 중요한 선문답 때문에 엄마는 다시 백련암으로 올라가셨다. 딸들을 데리고 가기 이전에 조카를 데리고 갔다.

그때 외사촌 동생이 고모 따라가고 싶다고 떼를 쓰는 바람에, 먼저 데리고 가서 스님을 뵈었다. 엄마는 당시 돈이 없어서 1회용 카메라를 가지고 백련암내에 있는 경내 사진들을 찍고 계셨다. 카메라 성능은 별로 좋지 않았다.

스님께서 사진을 찍고 계시는 엄마를 보고

"내가 경치 좋은데 가르쳐줄게. 따라와." 라고 말씀하셨다.

관음전 위에 조그마한 천태전이 있었다. 천태전은 나한을 홀로 모신 조그마한 전각이다.

주변의 풍경은 고즈넉한 정취를 자아내고 있었다.

어린 외사촌 동생을 데리고 두 분이서 같이 올라 가셨는데 먼저 큰스님께서 천태전에 가서서 왼편 문턱에 편한 자세로 쉬고 계셨다. 그때 스님은 엄마가 무슨 말을 하기를 기다리시며 땅바닥을 쳐다보시며 기다리고 계셨다.

침묵이 흘렀다. 잠간의 침묵을 깨며 엄마가 스님께 물어보셨다.

"布袋가 '入. 事. 龍. 勇. 冠' 이라는데 그게 뭡니까?

스님께서는 가만히 계시다가

"너거 '아' 한테 물어봐라."

선문답에서 대답은 되었고, 엄마는 갑자기 뇌리를 스치는 생각[5]에 한번 웃음을 짓고 긴장하고 적막한 즉, 서로에게 각자 활과 활을 겨누는 순간처럼 짧고 긴장을 놓을 수 없는 시간에 엄마가 먼저 스님께

---

[5]. 비룡스님께서 법화경을 해석한 비구니 스님의 일화에 대해 생각이 난다며 이야기 해 주신 적이 있다. 여기에 대한 연유는 성철스님께서 비구니 스님 한분을 제도하신 적이 있었다.
그때, 아주 오랜 시간 전에는 (젊은 시절의 성철스님은) 처소가 작아서 비구니 스님과 비구 스님이 각각 거처는 다르지만, 수행할 때에는 같이 정진한 적이 있었다. 어느 비구니 스님이 얼마나 화두에 몰두 했는가 하면 밥이 타는지도 모르게 불을 떼었다. 얼마나 화두에 집중하였던지… 그것이 한번이라고 하면 그렇거니 했겠지만, 화두를 든다고 밥을 몇 번이나 태워먹었는지 모른다. 그래서 성철스님께서 지나가다가 선어로 이야기 하셨다.
"옷 벗은 채로 가야산 한 바퀴 빼~앵 돌고 오면 '도(道)' 가 통하게 되어 있다."
선어로 이야기 한 것을 잘 못 알아듣고, 비구니 스님은 공부하려는 열정과 욕심 때문에 이 말을 출세간적으로 해석해야 되는데 세간적으로 해석해서 용감하게 실행에 옮겼다. 수행이 익어 공부가 되었으면 그렇게 까지 안 했을 텐데, 비구니 스님은 성철스님의 말씀이 선어 인줄 모르고 진짜 옷을 벗고, 실오라기 걸치지 않은 맨 몸뚱아리로 가야산을 둘러보기 시작했다.

말을 던지셨다.

스님께 엄마는 요구 조건을 걸었다. 엄마는 쌍차쌍조(雙遮雙照)로 여쭈어보았다.

"스님. 소문에는 스님께서 성질이 아주 고약하다던데 성질한번 보여주세요. 한번 봅시다."

엄마는 내심 속으로

'그래 그때 그 비구니 스님처럼 해 보이소. 나는 자신 있습니다.' 라는 의미와 '성질'이라는 것은 마음의 최고의 덕을 가진 스님, 수행의 최고 경지 까지 올라간 스님 즉, 대종사 보다 더 위에 있는 정안종

그것을 본 관광객은 물론이거니와 시골 마을 주변의 어른. 아이 할 것 없이
"미친년." "저런 미친 중년."
"저 미친년을 봤나?"
욕을 하면서 눈 버린다고 돌팔매질을 해대기 시작했다.
정말 온몸이 만신창이가 되어 돌아와도 비구니 스님은 '도'가 통하지 않았다.
비구니 스님은 스님대로 화가 머리끝까지 나서 성철스님께 대들었다.
성철스님께서는 비구니스님 자신이 공부가 안된 것은 생각 하지 않고 대들고 있으니 화가 나서 비구니 스님을 두드려 패서 쫓아 보냈다.
소문에 의하면 그것도 그냥 보낸 것이 아니라 비구니 스님이 묵었던 그 자리까지 (구들장까지) 파서 보냈다는 소문을 들었다고 비룡스님께서 이야기 해 주셨다.
그때부터 비구니 스님과 생활을 일체 안하셨다고 하셨다.

유년시절 비룡스님께서 비구니 스님 이야기를 다시 해주시며 나보고
"경혜야 너 옷 벗고 한 바퀴 뺑 돌고 올래?" 라고 말씀하신 것을 듣고 나는 살며시 웃으며 "그 스님 참 바보네. 옷을 벗으라는 말은 모든 마음의 망상을 벗어놓으라는 말인데." 했던 기억이 난다.

사의 면목을 보여 달라는 말이었다.

　공부한 것을 보여 달라는 말이었다.

　원래는 보여주려고 해도 보여줄 수도 없는 것이다. '한번 봅시다.' 그것은 억지 의도인 것이다. 엄마는 억지 의도인 것을 알면서도 엄마한테 그냥 넘기지 말고 표시하나 남겨달라는 의미였다. 엄마가 스님을 만나 뵙기 전에는 큰 스님께서는 법문집 종류를 시중에서 쉽게 구할 수 없었던 것 같다. 이 부분에서는 내가 어려서 그런지 확실히는 알 수 없지만 1982년 『본지풍광』이 나온 것이다. 1982년도에 나온 것인데, 성철스님께서 생전 당시에 대중적으로 처음에는 선문정로가 나오고, 두 번째는 그해 『본지풍광』이 나왔다.

　성철스님께서는 아무 말씀 없이 가만히 계셨다. 보여줄 수 없는 것이기 때문이다. 그 당시 성철스님께서는 법문만 하셨지, 문자로 남기는 것을 좋아하지 않으셨는데, 이후 책들이 다 나온 것이다.

　엄마는 합장하고 돌아서서 내려오는데, 어린 외사촌동생과 성철스님께서는 뒤따라서 내려오셨다. 가파른 계단에서 외사촌동생이 발을 잘못 디디는 바람에 스님께서 넘어질 뻔 했다고 엄마는 말씀하셨다. 일반 사람 같으면 돌아서서 스님을 부축하고 엄마의 조카를 바로 잡고 내려왔을 텐데, 엄마는 무심하게 그냥 쳐다보시며

　'저걸 손을 잡아 주어야 되나?' 가만히 1초, 2초 쳐다보고 있다가 넘어지든지 말든지 상관 안하고 넘어지려고 하는 순간에 돌아서 내려오셨다. 다른 사람 같으면 손을 잡아 주었을 텐데, 다행히도 스님께서 넘어지지 않으셨다.

성철스님께서 엄마가 냉정하고 차갑다는 뜻으로 『본지풍광』 451쪽에 남길 정도이다.

'『본지풍광』'에 451쪽을 보면
화음산(華陰山) 앞 백척 깊은 우물이여
그 속에 차디찬 샘이 있어 뼈에 사무치도록 차다.
뉘 집 여자와서 그림자를 비추는가
다른 것은 비추지 않고 옷깃만 비추네

같은 책 452쪽엔 다음과 같은 구절이 있다.
죽암 규선사가 송(頌) 하였다.
달속 항아(姮娥)가 눈썹을 그리지 않고
구름과 안개로 비단옷을 삼았네

에 나와 있다.

옆에서 엄마를 관찰해보면 굉장히 냉정한 성품이라 할 수 있다. 본질에 따라 냉정하게 관찰하신다. 여기에서 말하는 본질은 본래면목이다. 즉 예를 들면 수행의 옳고 그름을 기준으로 한다. 공적인 면과 사적인 면에서도 스스로 엄격하신 분이다. 타인을 잣대로 삼는 게 아니라 본인 스스로가 세운 잣대로 냉정하게 스스로를 관리하는 편이다.

초등학교 시절에 항상 옆에서 지켜보면 엄마는 '책'을 보지 않으셨다. 그렇지만 질문을 하면 이해가 쉽게 될 정도로 대답을 해주셨다.

원래 사람들은 책이라는 것을 정의할 때 지식과 경험을 공유하며 스스로를 넓혀 나가나가는 통로라고 생각한다.

엄마는 책을 통해 얻는 것 보다 스스로 체득하고 되돌아보고 반성하는 생활적인 지혜라고 볼 수 있다. 엄마한테 던진 질문을 가끔 성철 큰스님께도 해 보았다. 역시 답은 똑같다.

나는 초등학교때 엄마와 성철스님의 견해가 비슷하다는 것을 직감적으로 알았다.

날개옷을 입다 / 60.5×72.5cm / 한지에 수묵담채 / 2010

완벽을 위한
완벽

엄마는 스님께 두 번째 편지를 보냈다.

있는데서 "나"를 보고
없는데서 "나"를 보니
있던 없던 알바 아니나
"나"도 "나"가 아니네

선시를 보냈다.
해석하자면 〔있는 데서 나를 본다〕는 것은 '나라는 자신 즉. 눈에 보이는 나를 본다' 는 의미이고, 〔없는 데서 나를 본다〕는 말은 '나의 내면속의 나를 봄' 을 의미한다.
〔있던 없던 알바 아니나 나도 나가 아니네〕 라는 것은 '있던 없던

알바 아니나 나라는 것도 나 라고 내세울 수 없다. 내가 아니더라' 라는 의미이다.

결정적인 동기는 1982년 10월 11일 아비라 기도가 시작되기 전에 그러니까 정확한 날짜는 음력 10월 3일에 엄마는 백련암에 올라가셨다.
그때 엄마를 스님께서 한번 더 테스트를 하셨다.
성철스님께서 말은 하지 않으시고 험악한 인상을 하시고서 눈으로 엄마를 쳐다보셨다.
엄마는 '왜 저런 눈으로 쳐다보지? 아!' 하며 왜 쳐다보시는지 아셨다.
그리고 엄마는 살며시 웃었다.
스님께서는 엄마가 자기의 의도를 아니까 스님께서도 웃으셨다. 그리고 나서 각자 뒤돌아서 가다가 엄마가 돌아보았는데, 스님께서도 돌아보셨다. 마주 보았다. 그리고 또 무슨 의도 인지 아셨다. 두 분 다 웃음을 지으셨다.
세 번째는 엄마가 스님께 눈으로 말하듯이 하니까 스님께서도 역시 그것을 알고 웃고 넘어가셨다.
이상의 내용은 앞에서 말한 바와 같이 불립문자이기 때문에 해석이 불가능하다. 이것으로 세관문[6]이 통과됐다.

---

6. 『본지풍광』 407쪽. 『한화살이 세 관문을 뚫음이여, 十月 上巳로다』

그리고 난 뒤에 그해(1982년) 엄마는 음력 10월 11일 아비라 기도 때 다시 백련암에 가셨다.

마당에서 법문하시기 전에 엄마를 슬쩍 한번 보신 후 큰스님은 조금 큰 소리로
"여기 50살 먹은 사람 나와 봐라" 이어서
"50살 먹은 사람 나와 봐라." 하고 두 번이나 말씀하셨다.
엄마는 그 말씀이 무슨 말씀인지 알아 들으셨다.
여기에서 '50살 먹은 사람 나와 봐라' 하는 이 말 역시 쌍차쌍조(雙遮雙照)이다.
〔너는 50살이 넘어야 돼. 지금부터 오십 살 동안에 여기 오지 말고 너 그대로 해라〕하는 말씀이셨다. 엄마는 그 말씀을 듣고 모른 척 하고 가만히 계셨다.
그러자 스님 앞의 어느 보살님이
"제가 오십인데요.."하니까.
스님은 "너는 아니야"라고 말씀하셨다.

내면과 외면

　스님은 엄마에게 50살까지 속세에 인간이 할 수 있는 모든 체험, 즉 외부의 어떠한 어려운 환경에 의해서도 자신의 의지를 관찰할 수 있는 시간을 말씀하신 것이다. 즉 엄마 혼자서 두 아이를 키우면서 인간으로서 겪을 수 있는 최악의 상황까지라고 엄마는 스님께 말씀드린 적이 있었다. 그것은 "옷을 입은 채로 구정물속에 들어가겠습니다." 라는 엄마의 말이었다. 어쩔 수 없는 환경에서 성철스님께서는 처음에는 모든 것을 만류하기 위해서 험악한 눈초리로 인상을 쓰셨지만, 즉 스님의 의사에 따르도록 방편으로 쓰신 것이다.

　엄마는 혹시라도 부담스러운 일을 스스로 안고 가겠다는 결심과 씨실과 날실 같이 엮어진 인연을 놓아버릴 수도 있지만, 그냥 그대로 모든 것을 안고 이생에서 죽은 사람처럼 살기로 작정하고 강한 의지로 스님의 만류를 거절하셨다. 그러다가 결국 성철스님은 엄마의 의지대로 그대로 나오지 말고 인연 따라 살라고 말씀하셨다. 속세의 인연은 어쩌면 세세생애 일이라서 각자 인연법에 의해 살면서 정리단계에 들어갈 수 있다고 볼 수 있다. 그때 내가 아파서 엄마는 나를 업고 같이 스님께 찾아갔다.

그때 성철스님께서는 30년 동안 옷 한 벌을 기워 입어 누더기가 될 정도로 굉장히 검소하시고, 다른 사람한테 부탁한번 하지 않으시는 분이셨는데, 아마 그분으로서는 평생에 단 한번 부탁을 하셨던 것 같다.

외가의 친척할머니께 [토굴과 뒷바라지]를 부탁하셨다.

그 이후 친척분의 도움을 받았지만, 엄마는 엄마 나름대로 그분께 도움 이상으로 여러 가지 최선과 도우미 역할까지도 하셨다. 회상해보면, 『본지풍광』에 스님께서 미리 법문을 한 적이 있다.

『본지풍광』81-82쪽 [극빈의 벌금]편을 보면

'농부의 소를 몰아가고 굶주린 사람의 밥을 빼앗으며 배를 갈라 심장을 칼질하며 뼈를 두드려 부셔 골수를 꺼내어도 아직 本分의 손과 발이 되지 못한다. 金剛의 창을 쥐고 殺活의 칼을 잡고서 부처와 조사를 잡아 무찌르고 보살을 종으로 부릴지라도 또한 높고 깊은 법문 아니다.'

이는 갖은 방편으로 엄마를 자기 수하의 사람으로 만든다 할지라도 구속되지 않음을 의미한다.

선가(禪家)의 가풍

1982년 『본지풍광(本地風光)』이 나왔다. 『본지풍광』은 예리하게 서로에게 겨누는 칼끝과 같고, 눈과 눈의 마주침에서 각도가 조금이라도 어긋나면 한사람이 죽어야 되는 것이다. 비수와 마찬가지라서 엄청 신경 쓰지 않으면 다치게 되어 있다. 예를 들어서 최고의 검객 고수들이 비수 같은 칼과 칼끝을 서로에게 겨누면서 찰나에 살고 죽는 것이 결정되는 것과 같다.

그것은 상대가 되는 사람끼리 통하는 언어라고 할 수 있다.

선문답이란 만날 때부터 칼끝에 목숨이 경각에 있는 것처럼 생사를 걸고 이야기 할 때가 많다. 여기 『본지풍광』에서도 선가의 가풍처럼 다정한 것이라고는 어디에도 찾아볼 수가 없다. 인사부터가 살벌하다고 볼 수 있다. 그것은 처음 만날 때도 그렇고 헤어질 때도 마찬가지이다.

선가의 가풍에서 살벌하다고 볼 수 있는 유명한 예로 옛 선사들 중에서 임제선사와 덕산스님을 들 수 있다. 임제선사는 우레 같은 목소리로 喝을 하거나 덕산스님의 몽둥이질도 본분에 맞게 사람들을 대할 때 선문답에 근거하여 실험하기도 하고, 행하는 것이다. 그러나 선가의 가풍 중 임제스님과 덕산스님이 갈(喝)을 하거나 몽둥이질을 했다고 해서 꼭 그렇게 따라해 보아야 될 이유는 없다. 왜냐하면 사람의 얼굴 생김이 각각 다르듯이 성품도 각자가 다르기 때문에 성품에 따라 행하는 것이기 때문이다. 그러나 일반 사람들이 선사의 행동을 무작정 그대로 따라하는 것은 마치 길이 있는데 길을 찾지 못하고 헤매는 것과 같이 본분의 법을 잃는 것과 마찬가지이다.

　본래의 자기 마음 즉. 본래면목을 봐야 할 것인데, 그것을 본 사람의 겉모습에 드러나는 행동을 따라하는 것은 동물원 안의 원숭이와도 같다고 볼 수 있다.

　엄마가 성철스님께서 계단에서 넘어질 뻔 했을 때에도 '넘어지든지 말든지 상관하지 않고 돌아서 버리는' 그 이치와 같다고 보면 된다. 진짜 수행을 하려면 도반도 원수처럼 정(情)을 두지 않고 서로를 경계하며 마음공부를 시작해야한다. 도반이 친구처럼 죽이 맞으면 서로에게 도움이 되는 공부가 되지 않을 확률이 많다. 왜냐하면 친구 같은 도반은 어떤 유혹이나 재미있는 무언가가 있다면 거기에 빠져 제재를 가하지 않기 때문에 많은 시간을 헛되이 보내기 십상이다. 마치 산에서 흘러가는 물을 되돌릴 수 없듯이 시간은 무섭게 재촉한다. 그래서 수행에서 정(情)과 희(喜), 노(怒), 애(哀), 락(樂)이라는 것은 서로를 죽이는 마구니라 해도 과언이 아니다. 왜냐하면 같은 취향과 생각으로 공감대가 형성된다면 공부하는 것 보다 서로 죽이 잘 맞아 공부하려는 목적을 잊어버리고 시간을 낭비하니까 도반 자체가 원수가 된다. 오히려 서로의 수행을 위해서라면 차가운 침묵이 도움이 될 수 있다.

꿈꾸는 동화 I / 60.5×72.5cm / 한지에 수묵담채 / 2010

현재는
과거와 미래의
연결고리

　시간이 많이 흘렀다.
　『본지풍광』은 엄마를 만나기 전 10여 년 전부터 성철스님께서 해인사 상당법문을 하셨던 모음집이다. 비유법으로 성철큰스님 본인은 손가락 하나 대지 않고 옛 선사의 법문을 인용하여 즉 미리 예언으로 법문을 해 놓고 그동안 인연을 기다리고 있었다.
　『본지풍광』을 보면서 엄마를 기다리는 것 까지는 좋았는데, 내용물을 보면 칼끝으로 찌르는 것과 같고, 바늘로 쑤시는 것 같이 예리하고 날카로운 비수 같은 선어에서 기가 막히고 맥이 빠지는 듯 하고, 단점과 허물을 들추어 내는 것이 그야말로 엄마를 기진맥진하게 만들었다.
　엄마는 『본지풍광』을 봤을 때, 기가 막히기도 하고 화도 났지만, 그럴 수도 없는 입장이었다. 사실은 그것은 다 옳고 맞는 말이기 때문이었다.
　운문스님 말대로 아무 쓸모도 없는 깨어진 질그릇이었기 때문이다.

선어를 지금 이런 식으로 해석하고 그리고 지금 이렇게 일반 사람들을 위해서 쉽게 접근할 수 있는 방법론을 쓰고 있는 것도 미리 아시고 노파선이라고 놀리는 것까지 『본지풍광』에 다 들어있다. 조사선(祖師禪)을 노파선으로 만들어 놓았다고 『본지풍광』 '감파했다' 편을 보면 알 수 있다. 그것은 조주스님과 오대산의 노파의 이야기인데, 은근한 비유법으로 표현했다.

노파선이란 예를 들면 어린 손자에게 할머니가 손자가 이해할 수 있도록 수준에 맞는 즉 아주 쉽게 눈높이로 설명해 주는 것이다. 조사선이 직지인심이라면, 노파선은 해석문이라고 볼 수 있다. 선가에서는 큰 스님들이 남의 마음과 미래를 예견하여 알 수 있는 것과 서로 상대성을 유지할 때에는 '도적'이라고 한다.

그래서 차분하게 시간이 조금 지난 후에 엄마는 스님께 다음과 같은 글을 보냈다.

단지
오고 가지 아니하고
먼저가고 뒤따르지 아니하니
삼세의 제불도 그러하고
역대의 조사도 그러하니
오로지
본지풍광만
도도할뿐.

이것을 해석해보면 '단지'라는 것은 두 가지 뜻을 함유하고 있다. 그냥 이라는 뜻과 또 하나는 아는 것을 끊는 것을 의미한다. 이것 역시 쌍차쌍조(雙遮雙照)로 적용된다.

'오고 가지 아니하고'는 불가(佛家)에서는 횡단의 개념과 평등을 의미하고, '먼저가고 뒤따르지 아니하니'는 지나간 시간과 다가올 시간이라는 종속의 개념을 의미한다. 횡이라는 것은 수평개념을 의미하며, 종이라는 것은 수직개념으로 위에서부터 아래까지 모든 질서의 순차적인 규율을 말한다. 이것은 구경각의 경지에서는 종횡을 뛰어넘는다는 것을 말하는 것이다. 그래서 '삼세의 제불도 그러하고, 역대의 조사도 그러하니'라는 말 역시 동일한 의미를 가지는 것이다.

'오로지'라는 것 역시 쌍차쌍조(雙遮雙照)의 의미로 '단 하나'를 뜻하는 것과 '깨치고 난 뒤 내가 향하는 길'이라는 것을 포함한다.

'본지풍광만 도도할 뿐'이라는 의미는 본 땅에서 바람과 빛은 구경각의 의미를 대변하며 도도할 뿐이라는 것은 구경각의 자리가 도라는 의미를 나타냄 것과 동시에 선가의 드높은 기상과 가풍을 드러낸 말임을 알 수 있다.

엄마는 스님의 『본지풍광』을 잘 보았다는 내용으로 성철스님께 위의 답글을 보낸 것이다.

성철스님께서는 엄마께 여러 가지로 실험을 많이 하셨고, 선문답에서 말하듯이 고약한 성질을 보여 달라고 말한 내용이 『본지풍광』이었다.

미래를 배려하다 / 45.5×53cm / 한지에 수묵담채 / 2010

마음의 무게

일러라
조주 (퇴옹) 늙은이
지게 지고 온
피곤한 사람에게
무거운 나무더미
올려놓은 일을…
(엄마가 성철스님께 보낸 편지 내용)

해석을 풀이하기에 앞서 『본지풍광』이 나왔을 때에 엄마는 처음에는 기분이 상하셨다.
 단지 오고가지 아니하고 라는 글을 올리고 나서 가만히 생각해 보니 무거운 짐을 짊어주신 것이다. 거기에 대한 심경을 담아놓은 글이라 볼 수 있다.

〔일러라〕는 '말해보아라' 〔조주 (퇴옹) 늙은이〕에서 '조주 스님'에 대해 잠깐 언급하자면 조주스님은 남전스님의 제자이다. 평생을 남한테 시주 한번 돌린 적 없이 청렴하게 사셨던 분이셨다. 구경각의 공부가 되면 시주록을 돌릴 수가 없다. 시주록을 돌리는 것은 자기가 자기 자신을 속이는 것과 마찬가지이기 때문이다. 조주스님은 자기 스스로를 잘 관리하신 분이시다. 말년에 어느 깊숙한 시골 절에 주지를 맡긴 해도 조주의 십이시 노래를 통해 그의 생활상을 짐작해 볼 수 있다. 의자 다리가 부러져서 세발이 되었는데, 아궁이에 불을 떼다 장작 하나를 빼내어서 불탄 부분을 식게 해서 그을린 나무토막을 털어내 새끼줄로 의자의 나머지 한쪽을 동여매 쓸 정도였다.

너무나 청빈하시고 검소하여서 그 당시는 사람들이 조주스님을 몰라 뵈었는데, 열반하신 후에 국왕도 아까워하시고 그만큼 많은 사람이 조주스님의 덕을 소중하게 생각하였다. 너무나 바른 법을 행하였기 때문에 조주스님은 대표적인 정안종사 중의 한사람이다. '퇴옹'은 성철스님의 '호'를 말하며, 여기에서 늙은이 라는 것은 노숙한 할아버지 즉 세상풍파를 다 겪어 이것저것 다 아신다는 의미이다. 성철스님의 성품이 굉장히 검소하시고, 자기 자신에게 철저하신 분이라 조주와 같다고 여겨서 조주 같은 퇴옹스님 이라고 말하는 것이다.

〔지게 지고 온 피곤한 사람에게〕는 그렇지 않아도 두 아이와 함께 세상살이 하는 것도 피곤한 일이었는데, 〔무거운 나무더미 올려놓은 일을…〕은 '거기다 무거운 책임(?)이라는 짐을 하나 더 주신 것이다.

이것은 뭐랄까. 엄마도 사람이기 때문에 힘이 든다는 내용이라고 보면 된다.

1 2 6 5,
0 5 0 0

(이 숫자는 엄마가 큰스님께 보낸 편지임)

엄마는 가만히 생각해 보니 갑작스럽게 모든 일이 진행이 되어 버렸다. 성철스님께서 엄마에게 엄청난 책임을 지어주셨다. 무거운 짐을 맡기신 것이다. 엄마는 두 아이를 데리고 사는 것이 힘들었는데, 또 하나의 짐을 주신 것이다. 그래서 성철스님께 위와 같은 편지를 보낸 것이다.

『본지풍광』「종소리」편 491 – 492쪽에

한 화살에 독수리 두 마리 손을 따라 떨어져
주워보니 원래 울타리 안 거위로다.

라는 구절이 있다. 여기에서 독수리는 정보원들이 엄마와 나를 독수리처럼 여겨서 감시대상이 될 수 있으나, 막상 아무리 살펴보아도, 울타리 밖을 잘 나오지 않는 거위와 같다는 뜻이다. 울타리 안에서 조용하게 살아가고 있으며, 세력을 규합해서 권력을 행사하는 것은 아무 것도 없다. 라는 의미이다.

2008년 「물속에서 나를 보다」 개인전 전시장에서

풍요로움(여유만만) / 130×162cm / 한지에 수묵담채 / 2008

삶은
기후변화처럼
시련을 준다.

험난하고
가혹한 시련의
완성은
참으로
아름답다

두 번째 이야기

바람과 비, 그리고 맑음

기나긴
오해와 진실

　직접들은 이야기는 아니지만, 한간의 소문에 의하면, 성철스님이 열반하시기 전에 계셨던 곳은 큰 법당 옆에 조그만 처소 즉, 퇴설당에 기거하셨다. 그 당시 있었던 일을 거슬러 올라가면 혜암 스님의 법문과 연관되어 있는 일이 있는데, 성철스님은 그 근처 마당을 걷는 포행을 하고 계셨다. 그러다가 우연의 일치로 마침 마이크 확성기에 흘러나오는 혜암 스님께서 대중들에게 하는 법문을 듣게 됐다.

　성철스님께서는 혜암 스님의 법문을 듣자마자 해인사 큰스님이 드나드는 큰 법당 중간 문을 두 손으로 급히 열고 들어가서 "그게 법문이냐?"고 하시면서 그 자리에서 막 고함지르고 꾸짖으셨다. 혜암 스님은 외국에는 잘 나가시지 않는 분이신데, 그 사건 이후에 외국여행을 다니셨다는 그런 소문을 들었다.

　여기에는 엄청나게 큰 이유가 하나 있다.

그 이유는 일반적인 모든 이유는 그냥 지나갈 수 있지만, 선가(禪家)의 정맥을 모르고는 그 이유를 도저히 알 수가 없다.

엄마는 이 관계에서는 침묵을 지켰기 때문에 성철스님께서는 열반하시기 전 10년 가까이 동안 의문을 가지고 있었던 것 같다. 그 이유에 대해 심증은 있지만 물증이 없어서 직접 말을 못한 것도 있었고, 그렇다고 해서 엄마가 성철스님 말씀에 대해 복종하는 편도 아니었고, 가끔가다가 세간과 출세간의 이견(異見)을 약간 달리 했을 뿐이라서, 엄마는 지켜봤을 뿐이었다.

선가의 법맥으로서는, 즉 선법(禪法)에서는 인증. 인가 과정에서는 도저히 있을 수 없는 일이 있었다. 이것은 엄마는 물론 성철스님도 동의할 수 없는 일이었는데, 처음의 유례는 이랬다.

엄마가 29살 시절에 혜암 스님의 원당암에 반 결제(結制)만 살고 나온 일이 있었다.

결제(結制)라는 것은 안거(安居: 1년에 두 번 여름과 겨울철에 산문 출입을 금지한 채 수행에 정진, 매진하는 것을 가리킨다.)가 시작되는 날을 뜻한다. 더불어 해제(解制)라는 것은 안거가 끝나는 날을 말한다. 참고로 하안거(夏安居)는 음력 4월 15일부터 결제가 들어가면 7월 15일에 해제 하는 날이다. 동안거(冬安居)도 음력 10월 15일에 시작하여 1월 15일에 마치는 것이다.

그렇다면 반 결제라는 것은 하안거(夏安居) 90일 중 45일(한 달 반 정도)을 말하는 것이다. 엄마는 반 결제만 마치고 일단 짐을 챙기고 절에서 나와 버렸다. 그리고 나머지 반 결제가 해제되고 난 뒤에, 그 이후 백련암에 갔을 때의 일이다.

성철스님께서 엄마를 쳐다보는 눈초리가

'안거 한철도 못 견디고, 반결제만 하고 나갔다니…!' 라며 눈으로 엄청 엄마를 나무라고 있었다. 엄마도 지지 않고 스님 눈을 바로 딱 쳐다보셨다. 그때는 눈으로 말을 다하고 있었다.

'성철스님 회상에 있을 수 없는 일입니다. 스님이 큰스님으로 방장으로 계신데, 이것은 있을 수 없는 일입니다.' 눈으로 대들며 말하고 있었다.

그렇게 하고 엄마는 돌아서서 나와 버렸다.

그런데 그 이후 스님께서 엄마를 쳐다보는 눈이 항상 말은 하고 싶은데, 심중은 있는데, 물증이 없어서 말을 못하는 상황이었다.

엄마는 엄마대로 눈으로

'이 생에 모르면 다음 생이라도 아십시오.' 하고 쳐다봤다.

그래서 9년-10년 동안 신경전이 벌어졌다. 그 신경전이 벌어진 이유는 다음과 같다.

'원당암'은 해인사 부방장 혜암 스님의 처소이자 혜암 스님의 원력에 의해 개방된 참선방이다. 그곳은 혜암 스님이 수좌시절부터 해인사에서 유일하게 사부대중이 함께 참선을 할 수 있게 만들어 놓은 곳이었다. 항상 개방되어 있는 곳은 아니었지만, 기간을 정해 여름에 하안거, 겨울엔 동안거, 그리고 한 달에 2번(?) 정도 밤샘 정진도 했었다. 그 밤샘 정진 속에는 세간에서 장사하는 장사꾼이나 주부들. 직장인 그리고 할머니, 할아버지 등등 수행에 뜻이 있으나 참여할 방법이 없던 사람들에게 수행의 시간을 잠시나마 제공해 주려는 혜암 스님의 남다른 노력이 있었다.

엄마가 원당암에서 반 결제 살 동안의 일이다. 원당암에 가기 전에 엄마는 점심공양을 마치고 해인사 홍류동 계곡을 걸으면서 물소리를 들으며 가끔 이끼 낀 바위 밑의 돌멩이를 주워서 냇물 속으로 풍덩 던져보는 '포행'도 하셨다. 포행을 하며 가야산의 신선한 공기를 온몸으로 맘껏 들어 마시며 유일한 시방법계의 자유를 만끽했다.

결제에 들어가는 날이다. 그 기간에는 하루를 지내는 시간계획표가 정해져 있다.

하루 일과(日課: 날마다 규칙적으로 하는 일정한 일)는 참선시간과 공양시간, 방선시간, 취침하는 시간으로 채워져 있다. 참선을 하는 시간은 절마다 약간 차이는 있지만 2-3시간을 기본으로 정해놓고 있다.

잠시 쉬는 시간을 '방선'이라고 한다. 즉, 방선은 잠깐의 휴식시간을 의미하며, 그때 사람들의 일상은 가부좌 튼 다리를 풀어준다거나 뻣뻣하게 굳은 몸을 푸는 방법으로 왔다갔다 걸음을 걷는 등 각각 자기에게 맞는 방식으로 쉬는 시간을 유용한다. 엄마는 의식적이든 무의식적이든 간에 항상 화장실을 먼저 갔다가 손 씻는 습관이 있으셨다. 참고로 혜암 스님의 가장 좋은 점은 일을 남한테 떠 넘겨 맡기지 않으시고 손수 직접 하셨다. 공부하고 쉬는 시간에는 항상 일을 하고 계셨다는 점을 들 수 있다.

혜암 스님께서는 방선하고 나오는 길에 화장실 옆에서 모자이크로 된 시멘트, 즉 블록을 정확하게 맞추려고 애써가면서 혼자서 공사를 계획하여 블록을 이리저리 옮기며 진행하고 있었는데, 화장실에서 손을 씻고 나온 엄마는 혜암 스님께 일부러 물음을 던졌다.

"스님 뭐하십니까?"

실제로 다른 사람들이 보기에도 스님이 블록을 맞추고 있는 것을 눈으로 봐도 아는데, 엄마는 구경각에 의한 공부를 물어봤다. 혜암 스님은 우선 물음의 뜻을 대강은 알고 어느 정도 감지는 하셨다. 선방 생활을 오래 하신 스님으로서 초감각적인 느낌을 가지고 계셨다. 혜암 스님은 다음과 같이 말씀을 하셨다.

"이 손에서도, 내 이 손끝에서도 예술이 나오고, 문화가 나오고, 학문도 나오고, 이 속에서 다 있다."

물론 마음을 가지고 손으로 움직이는 것은 머릿속에 데이터 명령을 내려서 움직임을 만들어낸다. 그렇게 말씀을 하신다. '이 속에 다 있다.'고 말씀을 하신다.

그렇게 알고 두 시간이 지난 후에도 혜암 스님은 여전히 그대로 모자이크 블록을 맞추고 계셨다. 나머지 공간의 지면 공사 일을 마저 하고 계셨다.

엄마는 시치미 떼고 다시 물음을 던졌다.

"스님 뭐하십니까?"

또 한 번 같은 물음을 되풀이 했다. 그러자 스님은 또 역시 대답이

"이 속에서 예술이 나오고, 학문이 나오고…"

아까(조금) 전과 다름없이 그대로 말씀하셨다. 엄마는 혜암 스님에게

"스님 그거 틀렸습니다. 그냥 얼굴 바로 하고 동서남북 쳐다보면 그대로 있습니다. 왜 억지로 만들려고 합니까?"

이 말에 혜암 스님은 화가 머리끝까지 가득 나서서 하던 일을 멈추고 하얀 목장갑도 벗어 던져 버리고, 거처하시는 처소인 염화실로 들어가 버렸다.

그 스님께서 그날 저녁도 안 드시고 그 다음날 아침도 안 드시고 점심공양 때 나오셨다. (그 당시 혜암 스님은 아침과 저녁은 처소에서 드시고 점심만 대중공양을 같이 하셨다. 그날만 제외하면 말이다.) 발우공양을 다 끝마치고, 발우를 선반에 올리기 전에 가끔가다가 혜암 스님은 여러 가지 이야기를 잘 하셨다.

그때 혜암 스님께서 하시는 말씀이

"사계절 중에서 봄에 태어나서 봄, 여름, 가을까지 살고 죽었던 사람들은 겨울을 모르고, 겨울에 태어나서 봄, 여름까지 살았던 사람은 가을을 모른다."

이 말을 하셨을 때 엄마는 그 자리에서 바로 일어나서 먼저 발우를 선반에 올려놓았다.

"스님 저는 공부는 이미 끝났습니다. 가겠습니다." 하고 그대로 보따리 짐을 싸들고 택시 불러서 조용히 나왔다.

혜암 스님의 말을 해석하자면〔너는 나이가 어린사람인데, 어떻게 아느냐?〕라는 말이다. 엄마의 뜻은 선가에서는 나이가 많고 적음이 문제가 되지 않음을 말함이다. 이처럼 혜암 스님께서 말하는 구절은 장자의『소요유』편에 나오는데, 여름 한철만 사는 매미는 봄 가을을 모르고. 이는 짧은 삶에 대해 말하는 구절이 있다. 혜암 스님은 시간을 순차적인 개념으로 해석하였기에 선가에 비유하면 '도(道)'에 들어가는 방법론으로 순서대로 나아가는 돈오점수에 속한다.

엄마의 언행은 선가의 공간적 개념으로 시간을 초월하며, 이는 선(禪)종문(宗門)의 핵심으로 분류되면서, 단박에 깨치는 돈오돈수에 속한다. 그리하여, 엄마는 혜암 스님의 견해에 대해 긍정치 않음으로, 그 자리를 박차고 나온 것이다. 선가는 분명치 않은 것은 인정하지 않는 것이 원칙이다. 이것은 인간적인 세간사의 문제가 아니고, 세간을 벗어난 출세간적인 문제이기 때문에, 인간적인 입장에서의 자그마한 실수도 용납하지 않는 것이다.

엄마는 나오면서 생각하기를

'해인사 부방장이라고, 방장이라는 성철스님 밑에 있는 해인사 부방장 스님이 아직 공부를 못했었구나. 큰일 났다. 이 일을 어떡하나. 성철스님 회상에서 이러한 일이 있다니…'

엄마는 너무나 놀라셨다. 그때의 그 충격이 엄청난 충격으로 다가왔는데, 많은 시간과 많은 세월이 지나고 난 뒤 바른 공부를 한 정안종사가 그만큼 힘들다는 것을, 또 성철스님 같은 분이 별로 없다는 것을 많은 시간이 지나고 난 뒤에 아셨다.

그런데 그때 그 당시에 엄마와 성철스님은 눈으로 말하고 있었다.

'너! 반결제도 못하고 그것도 못하고. 몸이 가볍다.'고 성철스님은 눈으로 쳐다보고 말하고 있었다.

엄마도 눈으로

'성철스님 회상에 명색이 해인사 부방장이 그 정도밖에 아직 공부가 안되었다니 어떻게 이런 일이 있을 수 있느냐'고 쳐다보았다. 그때 그 일이 성철스님은 엄마와 눈으로 주고받은 대화에서 심중은 있는데, 어느 한 곳으로는 의심 가는 부분을 성철스님께서는 한 번도 찾아보지 못했었는데,

엄마는 '이 생에 모르면 다음 생이라도 아세요!' 라고 스님께 눈으로 냉정하게 쳐다보고 고개를 칼같이 돌려버렸다. 그래서 다음 생까지 갈 줄 알았는데, 성철스님은 열반 전에 혜암 스님의 법문을 듣고 그때 그 이유를 아셨다.

엄마는 속으로

'이 생에서 알고는 가셨구나.' 라고 시간이 지난 후에 말씀하셨다.

여기에 대해서는 근 9년 동안에 성철스님은 혜암 스님의 법문을 한 번도 안 들었다는 것이 의문이었다. 성철큰스님은 항상 백련암에 계시고, 큰 법당의 대중 법문하실 때 외에는 문 밖 출입을 하지 않으셨다. 성철스님이 법문을 하지 않으셨을 때는 주로 혜암 스님, 일타스님, 법전스님이 많이 하셨는데, 그동안 한 번도 혜암 스님의 법문을 들어보지 않다가 열반하시기 전 해인사 본당에 계실 때 산책하시다가 혜암 스님의 법문을 그때서야 들어서 아셨다는 점이다. 이후 몇 년이 지난 후 혜암 스님께서 종정으로 추대되었는데, 수행을 다 마치셨을거라고 생각한다.

아무튼 그때 엄마와의 말없이 눈으로만 주고받았던 격렬했던 대화가 혜암 스님의 법문으로 모든 오해가 풀렸다는 점이다. 참고로 선시나 법문에서는 수행의 깊이를 알 수 있다. 그것은 수행을 한 사람만이 알 수 있을 뿐이다.

분명한 것은
물 샐 틈도 없다

구경각에서는 바늘하나 꽂을 수 없을 정도로 분명하다. 위에서 말한 혜암 스님의 말씀은 돈오점수에 속한다. 불교의 정수는 돈오돈수이다. 돈오돈수는 일체의 견식과 격식을 뛰어넘는 것이다.

엄청난 수행과 자신 스스로가 죽음까지 갈 수 있는, 생명까지 버릴 정도의 극한 수행으로 자기 내면의 발견에 힘쓰면 돈오돈수가 될 수 있다. 성철스님께서도 '깨치기 전에는 일어나지 않겠다.' 해서 결가부좌를 한 채 장좌불와(長坐不臥:드러눕거나 기대지 않고 수행하는 것)의 수행을 하셨다. 그 다리가 마비가 되어 살이 물러서 다리에 진물이 나고 종기가 나 피고름이 흘러도 깨치기 전에는 그대로 죽겠다는 결심 하에서 수행을 하신 분이다. 깨치고 난 뒤에 거의 불구에 가까운 다리를 회복시키기 위해 병원에서 치료도 받으셨다. 성철스님께서도 공부를 위해서 몸을 던지신 분 중 한분이다.

그래서 구경각은 죽음과 몸을 던질 정도의 각오가 없으면, 잘 안 된다는 사실이다.
 옛 선사들 중에서 운문스님도 목주스님이 공부에 대해서 물어보러 갔다가 문을 열어주지 않아 한쪽 발을 문틈에 집어넣어서 목주스님이 문을 쾅 닫아버리는 바람에 발이 끼어서 악 하는 소리와 함께 깨쳤다. 평생 절음발이로 사셨던 운문스님도 역시 공부에 대해 몸을 던지셨다.

이어지는 인연

　인연법이란 참으로 묘하다. 예를 들면 좋은 원석이나 산삼도 그 많은 사람들이 찾으려 해도 눈에 띄지 않지만, 그것을 발견하는 사람은 따로 있다. 운문스님 역시 인연이 될 때 까지 기다려준 스승이 있었다. 그가 바로 영수산의 지성스님으로 영수산 스님이라는 별호를 가진 스님이다. 지성스님은 혜안이 있으셔서 항상 가운데 수좌 자리를 비워 놓으셨다.

　선방스님들이
　"이번에는 수좌자리를 누구를 지명하시죠?"라고 누가 건의를 했다.
　그러자 스님께서 하시는 말씀이
　"응, 태어났다."
　그리고 나서 몇 년의 시간이 흘러서도 수좌자리는 비워져 있었다. 또 다시 선방스님들이 건의를 올렸다.

"스님. 이제는 수좌자리를 누구라도 지명하시죠?
실험해 보시는 게 어떻겠습니까?"

그러자 "응, 이제 걸어 다닌다."

시간이 20년 가까이 흐를 때 까지 그 수좌자리는 공석으로 되어 있었다.

어느 날 지성스님께서는

"모든 방청소와 더불어 온 마당 할 것 없이 깨끗하게 청소하여라."

라는 지시가 떨어졌다.

이어 모든 스님들은 구석구석 먼지하나 안 날리게 청소를 마쳤다.

"이 선방의 제 1 수좌자리의 인물이 올 것이다."

라고 해서 모두가 어떤 인물인지 궁금해 하며 기다리고 있었다.

이윽고 어떤 청년이 걸망을 짊어지고 나타났는데, 이분이 바로 운문 스님이다. 영수원의 지성스님의 일화에서도 알 수 있듯이 수행과 공부법에는 엄청난 인연법이 있어야 한다.

어떤 스님은 복을 많이 지어서 선방수좌스님과 종정까지 되고 윗사람까지 되셨는데, 공부에선 구경각 법력은 아니었다. 그만큼 정안(正眼)이 힘들다는 것이다.

그래서 대종사는 많지만 정안대종사는 극히 드물다. 정안종사는 1세기에 1명 정도 나올까 말까 할 정도로 손꼽아 말할 수 있을 정도이다.

구경각이 되면 바로 볼 수 있고, 상대방의 어떠한 이야기라도 구경각을 통해서 다 알아 들을 수 있다. 왜냐면? 구경각에 비중을 두고 하니까 다 통하게 되어 있다.

　예를 들면 운문의 호떡 맛을 본 사람은 그것에 대해 알지. 그것을 먹어보지 못한 사람은 모른다. 마찬가지로 사과라는 과일로 설명해 보겠다. 다른 사람은 사과를 먹어보지 못한 상태에서 어느 한 사람이 사과라는 과일을 맛보았다고 한다면, 그 사람이 다른 사람들에게 사과는 빨간 색이며 둥근 형태이기도 하며, 양손을 주먹 진 상태에서 세워 합친 모양을 가졌고, 지름이 어느 정도 이며, 맛을 보면 새콤달콤하기도 하고 아삭 하기도 하다. 라고 아무리 설명을 해 보아도, 그것을 보지 못하고 맛을 알지 못하는 사람은 먹어보기 전까지 사과에 대해 알지 못한다.

　또 다른 예로 우주과학자 이소연씨가 우주여행을 했는데, '우주를 보니 이렇더라.' 라고 이야기를 하여도 간접 경험으로 이해는 할 수 있겠지만 직접 본 사람만큼 확실히 알지 못하는 것과 마찬가지이다.

　성철스님께서는 돌아가시기 전에 모든 것을 아셨고 엄마와 성철스님 사이의 오해는 풀렸다. 이제 와서 엄마는 성철스님의 마음을 아신 것 같다. 그것은 정안종사를 만나기 힘들다는 것이다. 엄마는 많은 스님을 접해보고, 비구니 스님들이 사시는 석남사에서 법문하시는 큰스님들의 법문을 들어보고 절 생활도 접해보았다. 그 당시 성철스님의 입장을 많은 시간이 흐른 후에 지금에서야 이해가 되기 시작했다. 그런 점에서 엄마는 성철큰스님께 미안한 마음과 안타까운 마음이 교차되고 있다. 왜냐하면 생사를 걸어놓고 용맹정진을 하는 스님들이 생각보다 없었으며, 성철스님 이후에 정안종사를 만나보지 못했기 때문이었다.

옷 입은 채로 구정물 속으로

　오래전 백련암까지 올라가는 길은 가파른 산길이었다. 필요한 자재나 식품 등 인력으로 운반하기에는 너무 힘든 길이라 절 바로 밑에까지 도로를 만들어서 가끔 차로 운반하였다.

　기도하러 오는 사람들은 배낭매고 걸어오라 하시고, 차를 타고 오는 것은 일체 금하셨다. 어쩌다 택시를 타고 백련암 입구까지 오시는 보살님들을 보면 굉장히 나무라셨다.

　보살님들이 얼굴에 화장을 하고 오면 성철스님께서는

　"화장해서 중 꼬실 일이 있나?"

　"중 꼬시러 왔나?"

　하시며 크게 나무라셨다.

　그래서 당시 백련암에 가는 보살님들은 얼굴에 화장하는 것과 택시타고 올라오는 것은 금지사항이었다.

어느 날 엄마가 해인사 버스터미널에 내렸다. 갑자기 배탈이 나 화장실에 갔어야 했었다.

그날따라 화장실 문이 아예 잠겨 있었는데, 갈 곳도 마땅찮았을 때 "백련암 갈 사람~!" 하면서 택시기사가 백련암까지 가는 인원을 모집하고 있었다. 보살님들 중에 한 분이

"성철스님께서 뭐라 그러실텐데…" 하면서 망설였다. 엄마는

"내가 배탈이 나서 급해서 빨리 가봐야 될 것 같아요."

백련암 밑에까지 택시를 타고 올라가셨다.

스님이 하신 말씀을 잘못 이행하면 그것은 요즘말로 죽음이다. 가는 날이 장날이라는 옛말이 있듯이 마침 그날따라 성철스님께서는 백련암 일주문 올라가기 전 계단 옆으로 이어진 텃밭에 나와 계셨다. 시자스님들이 밭일 하는 것을 '이렇게 해라.' '저건 그렇게 해라.' 하시며 총 감독 하러 나오신 것이다.

그런데 엄마가 마침 택시를 타고 쌩~하게 올라오는 것을 시자스님들과 성철스님께서 목격한 것이었다. 그때부터 시자스님은 앞으로 일어날 일에 대해 미리 상상하시며 하얀 이를 직접 드러내 보이지는 않지만 '성철스님께서 택시 타고 오지 말라고 했는데 저 보살님 오늘 죽었다~.' 하는 식으로 전부다 일하는 손을 멈추고 엄마를 쳐다보았다. 스님들끼리 서로가 눈짓으로 주고받으며 택시에서 내리는 보살님이 엄마라는 것을 알자 어떤 스님은 킥~킥 웃음을 감추지 못했다.

어떠한 일이 눈앞에 펼쳐질 전개의 궁금함과 그 궁금함이 낳는 생각이 모두 일치 하려는 순간이었다. 성철스님께서도 눈을 동그랗게 떠

서 무섭고 매서운 눈초리로 엄마를 쳐다보고 계셨다. 성철스님께서는 무언가 폭풍이 일어나기 전 예고편처럼 고함을 지를 태세였다.

엄마는 택시를 보내고 난 후 정신없이 계단을 뛰기 시작했다. 방향은 '해우소' 쪽이고 당시 해우소의 위치는 백련암 일주문 들어서면 바로 옆이었던 것 같다.

엄마는 해우소에 정신없이 뛰어가면서 성철스님께

"스님, 안녕하세요? 스님, 나중에 이야기 할께예." 하고 해우소에 들어갔다.

큰스님이 나무랄 시간도 없이 순식간에 벌어진 일이었다. 지금 생각해 보면 그때나 지금이나 엄마는 남의 시선을 아랑곳 하지 않고, 꼭 죽을 죄 아니면, 아주 자유롭게 자기 생각대로 편안하게 생각하는 타입이다.

큰 스님 입장에서 보면, '경거망동'과 규칙을 어겼지만, 엄마의 입장에서는 신체적인 생리 현상의 자유를 편안하게 누리고 있었던 것 같다. 하지만 자유라는 것은 나 자신이 누릴 수 있는 권한이 부여된 것만이 진정한 의미의 자유는 아니다. 여기서 진정한 '자유'라는 개념은 '상호존중' 즉 타인의 자유를 인정하고, 타인의 권한을 존중하고, 그럼으로써 모든 생명에 대한 존중과 미생물까지도 상호 완벽한 조화로운 삶이 자유 개념이다. 상대의 자유로움과 권한을 존중하는 것이 서로가 서로에게 상대와 대상이 된다. 대중의 자유가 개인이 대중이면서 대중이 개인적인 공감적인 상호 작용을 의미한다.

여기에서는 일방통행과 쌍방통행의 구분 절차가 묘하다.

화장실 들어갈 때 마음과 나올 때 마음이 다르다고 했는데, 엄마는 볼일이 끝났지만, 잠시 머뭇거리면서 '일은 벌어진 것이고 에라 모르겠다.' 하며 해우소 문을 열고 나왔다.

　문밖에서는 큰스님이 엄마의 선어를 들으시고 기다리고 계셨다.

　그때 엄마는

　"옷 입은 채로 구정물 속으로 들어가겠습니다. 제일 먼저 비구니 스님들이 사는 곳이 궁금한데요? 한동안 거기에서 지내볼까 합니다." 라고 했더니 스님께서는 엄마가 택시타고 오지 말라는 규칙을 어겨서 화가 났는데, 더 매서운 눈초리로 쳐다보셨다.

　엄마의 '옷 입은 채로 구정물 속으로 들어가겠습니다.' 라는 말의 의미는 '앞으로 나는 떠나겠습니다' 라는 예고의 말이었다. 스님께서는 처음에는 반대하셨다. 엄마가 조용하게 시골에서 공부하기를 바라셨는데, 엄마의 상황에서는 두 아이를 키우고 뒷바라지해야 되는 입장이었다. 예고 된 시간이 빨리 돌아와서 스님께서는 화가 나셨다.

　지금 생각해보면 가끔 엄마의 엉뚱한 '이류(異類)중의 행동'을 큰스님은 미리 알고 계셨다.

　엄마는 격식을 파괴하고 모든 것을 감싸 안으면서 지우는 듯한 행동. 그러면서 지우듯이 격식을 파괴하면서도 모든 것을 감싸 안는 행동이었다.

　찰나의 긴장감이 흐르고 난 뒤에 옆에 같이 택시를 타고 온 보살이 길가에 흐드러지게 핀 꽃을 보고 가리키며

　"큰 스님, 저 꽃이 참 이쁘네요." 했더니 큰스님께서는 화가 난 음성으로 "네가 꽃 값 줬냐? 니가 꽃값 냈나?" 하시며 방장실로 들어가셨다.

　그것은 '네가 낄 자리가 아니다.' 라는 뜻이다.

　큰스님께서는 화가 나셨지만, 엄마는 스님께서 원하시는 방향대로

살수 없는 어쩔 수 없는 환경이었다.

『본지풍광(本地風光)』154쪽을 보면

> 밝음과 어둠이 서로 뒤섞인 殺活의 기틀이여
> 큰 사람의 경계는 보현보살만이 아노니
> 한 가지에서 났으나 한 가지에서 죽지 않으니
> 암자 가운데 늙은 큰 스님을 크게 웃게 한다.

 엄마가 "옷 입은 채로 구정물속에 들어가겠습니다."라고 하셨는데 이는 즉, '구정물 같은 세간에서 살아보겠습니다.' 라는 의미이다. 세간에서 엄청 부서져버리고 망가지고 더러운 물속에서 살아보자는 의지인 것 같다.
 원래 불교라는 것 자체가 진흙땅 또는 진흙 속에 아름다운 결실을 맺는 의미라고 볼 수도 있다. 좋은 환경과 좋은 축복받는 삶이라면 굳이 종교는 필요 없을 것이다. 시련을 담금질 할 때마다 마음속으로 갈구하는 '이상'과 부딪칠 때 과연 비참한 현실은 '이상을 추구하는' 도구로써 작용할 수 있다는 것을 보여주는 것이 종교의 상징이자 특징인 것 같다.
 성철스님께 인사하고 나온 이후에 생활에 대해 엄마가 말씀하시길.
 "나는 계율을 파괴한 적이 있고, 수치스러운 일도, 집을 직접 짓는 다고 벽돌도 나르고, 파출부와 잡부 일도 했다. 그때마다 내 마음이 내 몸을 부려먹는데 망설임이 없었다. 의지와 상관없이 양심이 허락하지 않을 때는 괴로울 때도 있다."고 하셨다.
 삶이란 다 그러하듯이 직접경험과 체험으로 인해 최상류층과 최하류층의 입장에서 골고루 빠짐없이 이해되고, 그 삶이 피부로 느껴졌다. 이를 물에 비유한다면 가장 높은 곳에 떨어지는 폭포수가 있다면, 가장 낮은 곳에 땅 속에 흐르는 지하수도 있다. 물이라는 존재 그 자체는 변함이 없는 것처럼 모든 곳에 처해 깨끗함과 더러움을 가리지 않는다. 최상류층의 상황도 접해보고, 최하류층의 생활도 경험해 보았던 엄마는 그 상황적 요인과 환경적 요인이 모두 받아들여져 각각의 상황이 호흡하는 공기처럼 이해가 되는 것이다. 인간이 처할 수 있는 최상과 최악의 상황에서 삶에서 오는 연유와 체험을 다 접해 보았기에 그 자리에 연연해하지 않는 것이다.

　옆에서 보기에도 엄마는 스스로 가장 낮은 자리로 택하신다. 물건이나 먹을거리가 있다고 치면 항상 나누어주는 입장이라면 좋은 것을 골라 상대방에게 주신다. 우리한테 교육을 시킬 때에도 검소한 생활이 몸에 배게 하라고 가르쳐주셨다. 우리 사회에서 계층에 대해 구분하자면 상·중·하층으로 나눌 수 있는데, 각각의 입장은 그 상황적 요인에 따라 다 다를 것이다.

　지난날을 생각해보면 엄마는 성철 큰스님의 마음을 아프게 했다고 회고하셨다. 엄마는 모든 직업의 체험과 세상 사람들, 세속사람들이 사는 형상 그대로를 다 경험해 보고 싶어 했다. 엄마가 바라보는 스님들의 세계도 대강 알았고, 엄마가 바라보는 수행이라는 공부의 깊이도 다 알았는데, 비구니 스님들의 세계가 궁금해서 석남사에 1년 동안 체험을 다 하셨다.

　선어는 공간적인 언어로써 가고 오고 하는 거래성은 확실하다. 마치 상대성이 대상성이고, 대상성이 상대성으로 서로 간에 피드백적인 관계를 가지고 있다.

깨진 질그릇

『본지풍광』「깨진 질그릇」편 439쪽에 보면
운문의 넓다 함과 풍혈의 눈멀었다 함이여
중은 절에서 자고 도적은 방비가 허술한 집을 훔친다.
석가는 평지에 떨어지고 가섭은 크게 실패한지라
조상이 영험치 못하여 그 재앙이 자손에게 미치니
四七과 二三의 祖師가 훔친 물건을 안고 잘못 되었다고 소리친다.
알겠느냐?
밭을 얕게 갈아 깊게 심고
귀하게 사서 천하게 판다.
밀암스님이 응암스님을 모시고 있을 때 응암스님이 물었다.
어떤것이 正法眼인가?
깨어진 질그릇입니다.

『본지풍광』에서 천 년 전의 운문대선사는 도력으로 천년후의 일을 말하고 있다.

엄마는 이 대목에서

"유명한 운문선사님 엄밀히 점검한다면 누진통에서는 잊어야 할 망상이라고." 말씀하셨다.

그러나 그것보다 업그레이드 한 성철스님은 운문스님과 같이 호흡을 한 것이다. 엄마의 개인적인 입장에서 여러 가지 단점을 꼬집어 말을 하는데 대해서는 할 말이 없지만, 속으로 심할 정도로 꼭 집어 놓았다는 것을 느꼈다. 엄마도 『본지풍광』이 처음 나왔을 때 이 대목을 읽으면서 내심 기분은 좋지 않았지만, 전부다 맞는 말이라서 어쩔 수 없었다.

"그 순간에 어떤 생각이 드셨나요?" 라고 여쭈어 보았다. 엄마는 담담하게 "기분이 나빠도 기분이 좋아도 늘 하는 습관처럼 잊어버린다. 스스로 감정에 빠지면 그것 자체가 자기함정이기 때문에, 그냥 날마다 새로운 아침이 오듯이 관여하지 않는다."고 하셨다.

덧붙여서 "어차피 나는 아이가 둘이 있는 깨진 질그릇이니까." 라고 말씀하셨다.

서울로 이사를 온 후에 엄마는 만 배 백일을 2번 하셨다. 내가 중학교 때 엄마의 첫 번째 만배 백일기도를 하셨는데 기도의 목적은 지난 날 경솔함에 대한 참회였고, 이후 두 번째 만배 백일기도는 모든 것을 잊어버리고 수행조차도 역시 잊어버리기 위해서였다. 그것은 엄마가 두 아이의 가장으로서 충실해야 된다고 생각하셨기 때문이었다. 두 번째 만배 백일기도 뒷바라지는 당시 대학생 신분의 친척이 뒷바라지를 해주었다. 그 이후에는 일반 사람으로서 평범한 생활을 위해서 그리고 힘든 노동, 직업에서 오는 삶의 고통을 직접 체험해 보기로 했던 것이다. 그래서 직접적으로 접할 수 있는 여러 가지의 일들이 나중에 작가의 집을 엄마 혼자서 짓는데 도움이 되었다.

지금 돌이켜 생각해보면 그때 당시 기도 들어가실 때 딸들보고 이것저것 당부하시고 식사도 부탁하셨는데 철없던 시절이라 제대로 뒷바라지 못해드린 것 같아서 죄송한 생각이 든다. 그래도 먹는 식단이 부실했지만 말없이 맛있게 먹어주셨던 점이 감사하고도 부끄럽다.

성철스님의
함구와 침묵의 시간

오조 홍인 대사가 육조 혜능스님한테 법을 넘겼을 때, 그 당시 상황에서 홍인대사는 얼마나 많은 고심을 하였을까를 짐작해 본다. 당시는 신분의 귀천과 학식이 뛰어난 인재도 많았는데, 학식과 귀족을 선호하던 시대에 천하고 천박한 삶을 살아온 일자무식인 혜능스님한테 법을 넘겼으니 말이다. 아마 요즘 같으면 주사위를 던지는 대담하고 과감한 결단력 일거라고 생각한다. 하지만 법이라는 계통에는 하늘이 인연을 내리는 것이다.

그것은 서로가 인연과 복이 있어야만 만나진다. 아무리 뛰어난 스승이라 할지라도 제자인연이 없으면 그대로 묻히는 것이고, 아무리 뛰어난 인재라 할지라도 뛰어난 스승의 인가를 얻지 못하면 상호불면적인 인연 즉, 만나지 못한 인연이기 때문에 스승과 제자의 만남은 '하늘인연' 이라고 말할 수 있다.

아마 성철스님도 역시 많은 고심을 했으리라 생각한다.

그리고 엄마 역시 자유분방한 사람이라 아무한테나 매이지 아니한다.

성철스님은 세상에서 제일 멀리하고 싫어하는 것은 여자였던 것 같다. 특히 엄마는 복종하는 것을 좋아하지 않는다. 다만, '선어'를 알아들을 수 있는 입장에서 성철스님은 아마도 당황했을 것 같다는 생각이 든다. 서로 마음을 꿰뚫어보고 있으니 선어의 작은 실수도 용납하지 않는다. 실수자체가 생명성이라는 것도 알고 있기 때문이었다.

그런데 어쩌다가 여자인 엄마와 '선어(禪語)'로써 대화의 상대가 되었고, 이 부분에서 뜻밖의 이류(異類)가 발생했다.

'선어'는 공간과 시간이 함축된 언어로 몇 마디로도 상대의 수행이나 모든 것이 파악되고, 순식간 즉 찰나의 시간에 의해 결정이 되어버린다. 그래서 선어로 대화가 시작되면 생사의 결말을 오게 할 수도 있다. 산사람과 죽은 사람 중의 선택사항이기 때문에 심각한 일이 될 수도 있다. 『본지풍광』을 보면 성철스님께서는 미리 알고는 계셨지만, 그동안 침묵의 시간과 함구된 시간으로 지속하면서 착잡한 심정이었을 수도 있다는 생각이 든다.

이류(異類)인 엄마가 선어의 대화 상대가 되었는데 역사적으로 보면 너무나 드문 현상이었다.

상대와 대상은 조사와 조사로 이어지는 인가 과정은 전부다 비구승들이었다. 그러나, 선문답 상대는 아이가 둘이 있는 그 당시 젊은 엄마라서 당황스러운 일이다. 하지만, '하늘인연'은 인간이 마음대로 조정할 수 없는 입장이라서 침묵과 함구된 많은 시간을 보내야 했다. 엄마도 그것을 알고 부담을 안고 가야만 했다.

그러나 선의 수행은 장소와 나이와 신분 등 모든 구분되는 어떤 상황이라도 할 수 있는 것이다. 육조 혜능도 "불법이 세간에 있으니 세간을 떠나지 않고 깨닫는다."라고 하였으니 말이다. 육조 혜능은 오조 홍인대사에게 인가를 받고서 세간에서 보임의 기간을 사셨다.

자그마치 20년이란 세월동안 말이다. 혜능은 스승의 많은 제자들의 질투와 시기를 받으며, 목숨까지 위협받는 순간을 모면하기 위해 단순히 숨은 것이 아니었다. 그 기간 동안 때를 기다리며 모든 것을 경험하는 '보임' 이라는 시간을 가졌다고 볼 수 있다.

엄마는 내가 6학년 때 한 1년 동안 비구니스님들이 사시는 석남사에 들어가셨다. 세간의 삶을 경험해본 엄마는 출세간의 삶이 궁금했다고 하셨다. 그곳은 엄마에게 많은 생각을 가지게 해주었다.

한생각 남이 없음이 그대로 적멸이고
구름가고 물 흐름이 그대로 실상이네.
삼경의 보름달 중천으로 떠오르니
드러나는 본모습 그대로 구경이네.

o "경. 외워 "강. 바치니 심심합니다.
o 나중에 전자시계가 필요합니다.

위의 글은 내가 초등학교 때 엄마의 선시를 붓글씨로 적어 백련암에 갈 때 성철스님께 전달해 드린 글이다. 엄마는 가끔 인편으로 즉 엄마 근처사람들을 통해서 '선어'로 성철스님께 편지를 보냈다. 편지를 받았다는 증거로 편지를 가지고 온 사람을 꼭 보러 나오셨다. 그것이 편지를 직접 봤다는 증거이다. 편지는 '선어'로 되어있기 때문에 일반사람은 이해할 수가 없다. 성철스님께서 당부하고 싶은 말씀은 법문에서 암시적으로 표현하셨다. 어떤 때에 엄마는 화가 난 듯한 표정을 뵌적이 있는데, 알 수 없는 묘한 분위기가 감지됐지만 곧 바로 평소 그대로 되돌아온다.

시를 들여다보면 망상이 제거된 상태에서 바라보는 시방의 세계는 적멸과 실상을 말하는 대목이다. 그리고 시방의 밤하늘을 쳐다보니 보름달이 한 가운데 떠 있는 모습에서 느껴지는 공간감과 더불어 여여한 심리상태를 표현하였다고 볼 수 있다. (밤중에 석남사에서 본 보름달은 밝았다. 달을 쳐다보면서 이제는 떠날 것을 선어로 이야기 하는 편지였다.)

이 편지를 본 큰스님은 손을 뒤짐 지으시고 한참을 먼 산을 바라보시면서 예고된 운명을 생각하시는 것 같았다. 엄마는 세 관문을 통해 '인가'는 받았지만 '법'의 계승에는 문제가 있었다. 그것은 엄마는 스님이 아니라 세속의 일반사람이기 때문이다. 엄마는 이대로의 삶도 만족한다고 하신다. 나는 장난삼아 만족에 대해서 물어보았다. 그에 대해 엄마의 답은 이랬다.

"내가 만족하면 다 행복한 삶이다."라고.

버팀돌 / 60.5×72.5cm / 한지에 수묵담채 / 2010

미운오리새끼

　나는 독자의 입장에 서서 엄마의 유년시절의 궁금함에 대해 여쭈어 보았다. 돌아가신 할아버지와 할머니 존함은 유성순(兪性淳), 박수연(朴秀蓮) 이시고, 마산 출신의 엄마의 성함은 유광식(兪光植)이다. 어릴 때부터 남자이름이라서 놀림도 많이 당했지만, 지금 생각해보면 이름대로 남성적인 기질도 조금 남아있는 것 같다.

　엄마의 형제관계도를 따지자면 5남매 중에 중간, 즉 3번째에 속했다. 위로는 첫째가 언니, 둘째가 오빠, 셋째는 엄마였고, 넷째와 막내는 여동생들이었다. 엄마는 중간자적인 입장에서 보자면, 언니는 장녀라서 사랑을 받고, 오빠는 남자라서, 사내아이라서 사랑을 듬뿍 받고, 밑에 동생은 아기라서, 또 막내가 태어나자 막내라서 사랑을 독차지하게 되었다. 엄마는 모두가 관심과 사랑으로 기세등등하게 자리 잡은 그 가운데에서 어중간한 사람으로 식구들로부터 존재감이 덜했었다.

원래 중간 형제들은 자유시간이 많다. 다른 사람들과 이야기하고, 부닥치고 하는 시간을 가지기 보다는 자기 시간을 가질 여유가 많다.

엄마 역시 그랬다. 엄마의 아버지 즉 외할아버지는 사람은 좋은 대신에 무능한 고집불통이셨다. 외할아버지가 생활능력이 없는 관계로 엄마의 어머니, 즉 외할머니는 집안에서 생활력이 강하신 관계로 발언권도 크고 직접 생계를 꾸려 나가셨다.

우리 엄마는 나에게 가끔

"넌 내 딸이지만, 나는 우동 김밥집 딸이야." 라고.

엄마는 외할아버지를 좋아했고 무척 잘 따랐다고 한다. 외할아버지도 엄마가 애교스럽다고 좋아하셨다고 했다. 어떤 식으로 이뻐하셨냐고, 어떻게 엄마를 챙겨 주셨냐고 여쭤보니 외할아버지가 외출하는 기세가 모이면, 5살 무렵의 엄마는

"아버지 어디가?"

"응 동네 마실 나가서 술 한 잔 하러 간다."

"힝. 아버지는 혼자 가? 나도 데리고 가 주지. 나도 옆에서 아버지 술 한 잔 할 때, 난 사이다 마시면 안 돼? 나도 입이 있는데…?"

하며 엄마는 손가락으로 자신의 입을 가리켰다. 외할아버지는 조그마한 딸이 그렇게 말하는게 귀여웠는지 엄마 손을 잡고 산책 나가기도 하고, 외할아버지께서 술을 한잔 드실 때면, 엄마는 사이다를 한잔 따라주시며 같이 건배하기도 하면서 딸자식이라도 평등하게 대해주셨다. 그러고 보니 그 시대에서는 특별히 가정적이고 다정한 부녀 사이였다.

하지만 절대로 용납하지 않으셨던 부분이 있는데, 그것은 엄마가 외할아버지께 말을 할 때 존대하지 않은 것은 아무런 상관이 없었지만, 거짓말 하는 것은 절대로 그냥 넘기지 않고 그날은 죽는 날이었다.

그것은 엄마의 어린 시절에 외할아버지께서 철저하게 교육을 시킨 아버지로서 자식사랑의 교육관이셨다. 외할아버지는 일본에 끌려가서 청년 시절을 보내고 6.25 전쟁 전에 일본에서 결혼해서 한국으로 들어오셨는데 일본 생활에서 '정직함'이 몸이 배인 것 같다. 외할아버지께서 말씀하시길 "일본 자체를 굉장히 싫어하지만, 한 가지 좋은 점은 솔직함. 되도록 거짓말을 안 하는 점은 배워야 한다. 배울 것은 그것뿐이다."라고 하셨다. 엄마가 고등학교 1학년 때 외할아버지께서는 돌아가셨다.

엄마의 기억 속에 있는 아버지를, 즉 외할아버지를 직접 뵌 적은 없지만 그 이미지는 엄마의 이야기를 통해 머리 켠 한쪽에서 상상의 방에 자리를 잡고서 생각해보았다.

외할아버지는 아버지로서의 권위를 세우지 않고, 어린아이한테 대할 때는 어린 아이의 눈높이로 이야기 상대가 되어줬다는 것을 미루어 짐작해 볼 때 가부장적인 면보다는 자상한 아버지의 상이 그려진다.

엄마의
유년시절

　엄마는 어린 시절에는 혼자 있는 시간이 많았다. 초등학교 들어가기 전에는 그냥 또래 친구들이 없었다. 그렇다고 형제관계에 있어서도 왕따였다. 외할아버지께서 엄마를 좋아하셔서 엄마의 오빠 즉, 외삼촌은 엄마를 제일 싫어했다. 사랑을 차지하지 못한 외삼촌은 그에 따른 질투로 간혹 엄마에게 반항적인 성향이 표출이 되었고 그 기간은 길게 이어졌다.

　외삼촌이 엄마를 싫어하니까 형제들도 이상하게 서먹하게 대하였고, 특별히 같이 하는 놀이도 없었거니와 놀이상대도 없었다. 엄마는 어느 때와 마찬가지로 방안에 혼자 있었다. 그때 방안에는 밤하늘의 달그림자가 환하게 비추고 있었다. 고개를 들어 엄마는 환한 둥근 달을 쳐다보았다.

　낮에 혼자 뛰어놀던 고무줄을 찾아서 그 고무줄로 달그림자를 재기도 하고, 그림자 뛰기 하며 놀기도 하고, 그러면서 달그림자 밑에 지나가는 물을 쳐다보기도 하고 그때부터 엄마의 일상에 달이 친구로 자리 잡기 시작했다. 엄마는 달이 친구 중에서도 가장 좋은 친구, 그리고 변치 않는 친구였다. 흐리지 않은 날에는 항상 나타나주고, 어떤 때는 달이 너무나 환한 보름달 일 때는 '달' 친구가 엄마를 너무나 반겨주는 것 같았다. 그러다가 그믐날이 될 때도 있는데, 그땐 문을 닫고 쑤욱 들어가는 것 같기도 하고, 문을 열고 나올 때는 초승달이 되어서 나오는 것 같고, 그렇게 달 친구가 되었다. 그래서 달로 인해 비치는 그림자를 쳐다보면서 고무줄뛰기 놀이도 하고 달과 그림자는 엄마의 변치 않는 친구였다.

그때부터 달과 그림자를 통해 엄마 자신의 놀이가 시작되었다. 그렇게 엄마는 초등학교 들어가기 전부터 엄마자신의 놀이가 시작되었다.

최고의 친구는 '달'

그때는 고무줄놀이가 최고의 놀이였다. 고무줄놀이는 적어도 두 세 명의 친구가 있으면 가장 최소한의 인원으로 즐겁게 놀 수 있는 적절한 놀이이다. 낮에는 논밭으로 애들하고 가끔 뛰어 놀기도 하는데, 당시엔 미끄럼틀도 없었고, 시소도 없었다. 옛날 시절이라 그런 것 같기도 하고 시골이라 그런 것 같기도 하다.

줄넘기도 귀하고, 단체줄넘기는 사람이 많이 필요하고, 밤에 혼자 줄넘기를 하기보다는 고무줄뛰기로 하는 놀이를 했다. 잡아주는 상대가 있으면 좋은데, 엄마는 외톨이였기 때문에 나무와 나무 사이에 고무줄을 무릎 밑정도로 매달아 놓고 고무줄뛰기 놀이를 했다.

혼자서 뛰는 고무줄놀이는 어린 꼬마가 느끼는 재미에 있어선 한

계가 있는 법!

엄마는 달하고 친구가 되어서 항상 달하고 이야기를 나누었다.

"나 내일 뭐뭐 할꺼야."

"나 내일 어디어디 간다."

"우리 오빠가 나 때렸는데, 우리오빠 미워죽겠어."

등등 모든 마음속의 이야기는 달에게 했다.

그때부터 달은 엄마의 이야기 상대가 되었다.

그러다보니 초등학생 시절부터, 물론 그 이전에도 그런 마음이 있었지만, 본격적으로 엄마는 다른 사람의 마음이 알고 싶어졌고, 궁금해지기 시작했다.

어떤 식으로 알고 싶었냐면?

'저 사람은 어떤 생각을 할까?'

'보이는 모습 그대로의 사람보다 도대체 보이지 않는 저 속은 어떻게 생각할까?'

'나는 저 속을 알 수가 없을까?'

'나는 저 속을 알고 싶어 . 무슨 생각을 어떻게 할까?'

엄마는 그것이 제일 궁금했었다.

엄마는 솔직히 이야기 하자면 학교 공부보다

'저 선생님은 무슨 생각을 하면서 저렇게 가르칠까?'

'저 선생님 일상은 어떤 생각을 할까?'

'저 선생님은 여러 가지 직업이 있는데, 장사꾼도 있고, 간호사도 있고, 집에 애를 낳고 보고 사는 주부도 있고, 회사원도 있고 하는데 그 수많은 직업 중에서 하필이면 왜 선생님이 됐을까?'

'선생님이 되어서 우리를 만나서 이렇게 가르쳐줄까?'

여선생님 같은 경우는 이렇게 생각했다면 남선생님도 마찬가지로

'직업이 경찰도 있고, 군인도 있고, 변호사도 있는데 왜 선생님이 됐을까?'

이런 생각에 관심이 더 많았다. 그래서 공부는 조금 뒷전이었다.

그때 엄마의 문제풀이는

'난 저 사람을 알고 싶어. 저 사람 마음으로는 무슨 생각을 할까? 저 사람은 어떤 생활을 하며 그 사람에 대한 이력을 알고 싶어.'였다.

지금으로 치면 컴퓨터로 자판을 두드리면 대강의 이력이 어느 정도는 정리되어 나오지만 엄마는 그게 제일 궁금했다. 모든 사람들이 이런 생각을 반드시 한번쯤 아니 여러 번은 들지 않았을까 한다.

어느 날 재밌는 엄마만의 놀이를 발명(?)했다.

마치 익숙한 습관처럼!

예를 들어서 바람이 한 점도 불지 않을 때에 물을 쳐다보면 그 물 위에는 물이 담을 수 있는 사방의 경치가 반사되어 거울같이 비춰진다. 어떤 사람을 보면, 그 사람의 모습과 형체를 즉시에 잊어버리고, 거울 같이 즉, 바람 없는 물속처럼 마음속으로 들어가기 위해서 준비하는 연습을 시작했다.

엄마는 마음속으로 '저 사람 마음속을 거울처럼 만들어 놓고, 어떤 영상이 일어날까?'

시도를 하기 시작했다.

10분, 20분 기다렸다. 아무것도 나타나지 않았다. 그리고 2번째 시도 해 보았다. 그렇게 한참. 시도해 보았다. 몇 번 아니 수십 번 시도를 해보았다.

그것도 마음처럼 되지 않아서 포기를 했다. 그러다가 어느 날 엄마는 다른 방법이 생각이 났다. 이번에는 이전에 했던 방식과는 다르게 아무런 생각 없이 즉 망상 없이 자신에게 최면을 걸듯이 마음이라는 레이저를 상대방한테 쏘아봤을 때 돌아오는 파장을 생각했다.

또다시 엄마가 상대방의 마음을 본인의 마음속에 잠시 빌려와서 비추어지는 즉, 물같이, 거울같이 영상으로 만들어 놓고 또 들여다볼 수 있게 시도를 했다.

'저 사람은 화가 났을까?'

'저 사람은 기분 좋을까? 슬플까? 즐거울까?'

그게 그 당시 그 사람의 마음을 희(喜)·노(怒)·애(哀)·락(樂). 엄마는 당시 그 한자를 몰랐다고 했지만, 그런 방식으로 접근해 보았다. 예를 들자면 이심전심. 인간으로서 전파를 보내는 방법. 무의식으로 회로를 전파하듯이 약간 비치는 거울 같은 것에서, 엄마는 자신의 마음의 망상을 아무것도 없게 하여 집중하기 시작했다.

'집중하자.' '집중하자.' '집중하자…'

그렇게 하다 보니 물속에서

희(喜).

물속을 뚫을 수가 없다.

노(怒). 아니다.

애(哀)….

락(樂)….

아니다.

아니다. 희노애락(喜怒哀樂). 그중에서 아무것도 느껴지는 것이 없었다. 그러던 어느 날.

가슴속이 환하게 스며드는 게 있었다. 그게 뭐냐면? 그 사람이 슬플 때나 화가 날 때, 엄마의 가슴도 자기도 모르게 젖어들 때가 있었다.

'아!' 하는 탄성소리와 함께 갑갑한 게 없어지고, 가끔 편안한 느낌으로 레이저 빛처럼 들어올 때가 있었다.

마침 지금 생각해보면, 예를 들어서 초동물적인 사회에선 감각이 초이상적인것, 이상적인 감각으로 인해 자연재해를 미리 알고 도망가거나 대비를 한다든지 하는 형식으로 곤충이나 짐승들에게 있는 것 같다. 또 바다의 돌고래나 물고기들도 음파. 파장을 감지하는 능력은 사람보다 엄청 뛰어나다. 어쩌면 무의식적 또는 잠재의식적인 면에서 사람에게도 전파를 감지하는 능력이 본능적으로 있었던 것 같다.

그래서 '저 사람이 슬플까?'

엄마 스스로 저 사람의 마음속에 들어가서 망상을 비우고, 아무생각도 나지 말게 하자. 하며 아무생각도 나지 않게 머리와 가슴을 비워 버리는 것과 동시에 그 물속에 영화를 보듯이 영상 속으로 빠져 들어갔다. 물이 있다.

물에는 슬픔, 기쁨, 즐거움, 화남.

이 네 개 중에서 어느 것이 제일 가깝게 마음으로 보내는 미세한 파장이 돌아오느냐. 그 초감각적인 알지 못하는 미세한 파장이 돌아오는 것이 있었다.

'아 저 사람은 지금 슬프구나.'

그 파장이 왼쪽 가슴을 지나 단전까지 쑤욱 내려가는 기운을 느꼈다.

자꾸 반복 연습을 몇 년 하다 보니까 이제는 시간도 단축되어져 갔다. 지나가는 사람에 대해서도 파장을 보냈다. 엄마 자신의 망상을 먼저 없애 버리고, 저 지나가는 사람에 대해서 물속으로 만들어서 마치 영화스케일처럼 희노애락(喜怒哀樂)부터 화살에 끼워 맞춰 슬프다. 기쁘다. 등등.

저 사람의 감정을 느끼며 돌아올 때면, 갑갑했던 문제가 해결되면 가슴이 시원하듯이 체감으로 상대의 감정에 대해 느껴졌다. 그래서 엄마는 상대에게

"약간 슬퍼요?" "약간 기뻐요?"라고 경험에 의한 것을 물어 볼 때가 있었다.

그러면 상대방은 "응 슬퍼." 또 다른 상대방은 "기뻐."하고 대답했다. 그 경험을 토대로 엄마는 또 마음속으로 통계를 내기 시작했다. 경험이 반복될수록 통계를 내는 시간이 조금씩 더 익숙해졌다. 그래서 한 번 더 레이저 같은 마음의 전파를 보내보았다. 예전에는 앉아서 전파를 보냈다면, 이제는 세련이 되어져서 길을 걸어가면서 전파를 보내

면 기쁨, 슬픔. 화가 남. 즐거움 네 가지 중에서 윤곽이 크게 잡히는 것이 있었다.

"지금 슬프죠?" "지금 기분 좋죠?" 물어보면 맞는 확률이 많았다.

사실 엄마의 취미는 불교의 정법으로 보면 엄청난 외도 인데, 당시는 외도인줄 모르고 재미삼아 마음속 놀이를 했었다. 그래도 보통 아이들은 이러한 생각이 들었다면 몇 번 해보고 안 되니까 그냥 포기했을 텐데, 우리엄마의 끈질긴 탐구심, 그리고 집중력, 인내, 끈기가 정말 대단하다고 생각한다.

여기에서 조금 더 발전해서 '슬펐는데, 왜 슬펐을까? 그랬다면 그 이유는 슬픔직전에 큰 현상적인 이유 때문에 슬펐을까? 아니면 어떤 생각이 나서 슬펐을까? 혹은 타인에 의해서 슬펐을까? 자기 자신에 대한 이유 때문에 슬펐을까?' 라는 슬픔에 대한 분석에 대해 파고 들기 시작했다. 그래서 마음속으로 집중해서 저쪽으로 전파를 보내보면 슬픔에 대한 구체적인 이유에 대한 물음이 시작되었다.

즉, '슬프다' 라는 감정에서 그 연유에 대해 파고들기 시작했다.

'자기' '타인' 응 이런 식으로 해서 마음속으로 비추어보면, 두 개 중에서 하나가 공기처럼 약간 반사되는 것이 있었다. '아 자기 자신에 의해서 슬펐구나.' '아 타인에 의해서 이 사람은 슬프구나.' 장난처럼 시작된 놀이가 어느 순간. 이제는 몸에 장난이 습관처럼 배이게 되었다. 그동안 집중적으로 파고들었던 탐구정신의 결과물이 빛을 바래기 시작했다.

순진한 우리 엄마는 그것이 남을 봐주는 건지 몰랐다. 엄마의 집안은 지적인 요소와 문화적인 요소는 다소 부족한 면이 많은 반면에 인간미는 넘치는 집안이었다.

그때 그 당시에 동네에서 좀 만만한 집이 엄마네 집이어서 그랬는지 모르겠지만, 집에서 굿판도 벌였다. 그래서 엄마는 궁금한 것이 있었는데

"사람들이 신내림(굿내림)을 한다고 하는데, 정말 신이 내릴까?" 였다.

엄마는 '굿내림이 진짜 일까? 가짜 일까?' 라는 궁금한 의문에 직접 참여해 보았다.

정답은 신내림은 없었다.

그런 것은 "절대 없었다. 그 사람의 망상이 만든 결과일 뿐이다."고 했다.

이것은 엄마의 유년시절에 오랫동안 지속되었던 몇 년 동안 경험의 산물에서 나온 생각이다. 엄마의 파장이 더 정확했었던 것 같다.

여기에서 더 발전되어서 엄마의 중학교 시절에 잊지 못할 사건이 있었다. 이 사건은 돌아가신 외할머니께도 들었던 기억이 난다. 엄마의 중학교 시절에도 이 놀이는 계속 되었는데, 당시 바다에서 멸치잡이 '어장'을 하던 사람이 있었다.

그 사람보고 엄마는 이렇게 말했다

"당신 배에서 OO날 OO시에 사람하나 죽을 것 같다." 라고 말을 던진 적이 있는데, 정말 예고되었던 그 날짜와 그 시각에 믿기지 않을 정도로 진짜 사람이 죽었다. 그게 온 동네에 소문이 나서 사람들이 줄을 서서 자기 좀 봐달라고, 살려달라고 온 사람들이 몰려와서 도망을 갔었다. 장난이 너무 심하게 되어버려서 그걸 피하려고 학교도 1년 휴학도 했다.

보통 다른 사람들의 유년시절에 흔히 가질 수 있는 생각들을 대강 유추해본다면, 대체로 예쁜 옷을 입는다든지. 신데렐라나 백설공주 같은 공주가 되는 꿈을 꾸거나 왕자가 된다든지. 맛있는 것을 먹는다든지, 미스코리아나, 간호사, 선생님, 패션디자이너, 대통령 등등 또래가 빠져들 수 있는 생각들과 어릴 때부터 엄마가 놓았던 생각의 방식은 분명 차원이 달랐다.

그렇게 재미삼아 놀이삼아 엄마의 유년시절을 향유하던 중 어떤 사람은 아무 이상이 없이 그냥 지나가는 것을 발견했다. 뭔가 알 수 없는 느낌, 예감. 전생, 이생, 약간의 업력의 작용, 업력의 작용은 분명히 있을 것 같은데… 하는 생각이 호기심을 자극했다. 그렇게 재밌게 잘 놀았던 어느 날 어떤 한 사람이 눈에 들어왔다. 분명히 '저 사람은 분명히 안 좋을 것 같다 '라는 생각을 가지고 지켜보았는데, 엄마의 예상과는 다르게 아무 이상 없이 지내는 사람을 보았다.

통계를 내어보면 100명중에 5~6명 정도가 엄마의 예상과는 다르게 아무 이상 없이 지내는 사람이 있었다. 이는 엄마의 생각이 틀렸다는 것을 증명해주는 사람들이었다. 엄마는 당신의 생각과 맞지 않는 확률을 가진 사람들을 보며 '어째서 그럴까? 왜 그럴까?' 이유를 곰곰이 생각해 보았다. 엄마가 이제 이심전심으로 전파를 보내어서 안 되는 사람들 즉 엄마가 맞춘 확률을 빗나간 그 사람에 대해서 연구를 하기 시작했다. 결과가 나오기까지 시간이 몇 년 정도 걸렸는데, 그때 엄마가 깨달은 게 하나 있다고 하셨다.

그 답은 "아무리 힘든 환경이나 상황에 부닥친다고 하더라도 나는 절대 안할 것이다. 나는 그것을 극복할 것이다. 나는 내 의지대로 할 것이다. 라고 본인의 의지가 강하면 사주팔자도 감히 들어올 수 없다는 것! 침범할 수 없다."는 것이다.

　엄마는 이 사실을 알고 난 뒤부터 그동안 재미삼아 타인의 생각과 심리상태를 거울 같이 비추어 보았던 외도(外道)에 손을 끊었다. 이유는 재미가 없었다고 한다.

　그 사람 의지가 너무 강하면 모든 운명은 스치다가 지나간다. 운명은 의지 앞에서 운명이라는 단어는 없어지고 삶의 새로운 설계도를 만들 수 있다. 강력한 의지는 결심과 행동이 뒷받침되어야만 꼭 이루어지는 것이다.

　예를 들면 어느 도인들과 일반 사람들을 비교해 본다면, 비바람이 몰아치는 상황이 있다고 치자. 거센 비바람이 태풍급으로 몰아치고 여기저기에서 번개까지 번쩍 번쩍 치는 상황에서 특정한 장소에서 어떠한 일을 꼭 해야 하는 일에 처해 있다고 한다면, 일반사람들은 환경적 요인에 의해 어디 가면 틀림없이 좋지 않을 것이다 가정하며 가지 않은 반면에 도인들은 비가 오거나 말거나 신경 쓰지 않고 갔다 온다고 보면 된다. 비바람이 몰아쳐도 살아 돌아온다. 비바람이 몰아치는 것 하고, 내가 왔다 갔다 하는 것 하고는 상관을 하지 않는다. 나는 꼭 왔다가야 되겠다고 생각하면 비바람이 몰아치거나 말거나 할 것 없이 그대로 진행한다.

　비바람이 몰아쳐서 나는 못 간다. 하는 사람이 있는 반면에 비바람이 몰아치거나 말거나 비바람을 가벼운 깃털처럼 생각하고 내가 하고 싶은

대로, 자기 의지로, 생각대로 밀고 나아가는 사람이 있다고 한다면, 통계적으로 보면 후자의 경우 자기 의지가 강하여 그 의지대로 추진해 나가는 사람은 정해져 있는 운명조차 그 사람을 범할 수 없다. 의지가 강한 사람은 운명을 거슬러 가는 사람이다. 사람들의 사주팔자나 일반적인 생각이나 생활에서 오는 인과관계는 의지 앞에서는 깨지는 것이다.

엄마의 외도(外道)는 처음부터 장난스럽게 시작된 것이었다. 그 계기는 마음속에서 재미로 한 놀이를 조금 조금씩 발전시켜 나아간 것이었는데, 외도인줄 모르고 행했던 외도였다.

이와 비슷한 연관된 이야기는 오조 법련 선사를 들 수 있다.

오조 법련 선사가 수행 할 때에는 근처 산에 있는 모든 새가 와서 지저귀고, 좋은 일만 생기고, 상스러운 일들만 가득하더니 막상 수행을 마치고 나니까, 즉 공부가 끝내고 나니 그런 일이 없이 평상시처럼 평범한 범부처럼 일상생활로 돌아왔다.

왜 그럴까? 공부한다고 집념을 가지고 수행할 동안에 이는 자기가 마음의 문을 열어 놓았으니 남의 마음 상태를 알고, 남의 일들을 무의식적인 전파로 아는 것이다. 왜냐하면 남의 마음을 알기 위해서 내 마음의 문을 열어놓아야 하는 것이다. 다른 사람의 마음의 문을 열고 닫고 할 수 있는 것은 본인이기 때문이다. 그것은 수행하는 과정에서 이것이 통할지 몰라도, 일단 공부가 끝나고 나면, 내가 망상이라는 쓸데없는 생각의 문을 닫아버리면 타인은 모르는 것이다.

예를 들어서 조주 스님의 스승이 남전 스님인데, 남전스님이 젊었을 때 어느 고을에 가기로 하였는데, 즉 어느 고을에 가야지 마음을

먹고 그 고을에 갔더니, 그 고을에 있는 사람이 일하는 사람한테
"오늘 귀한 손님이 오시니 정성껏 음식을 준비하라" 하며 음식을 장만을 해 놓고 기다리고 있었다. 그래서 남전스님이 너무 놀라서
"아니 어떻게 해서 이 음식을 장만했습니까?"
"오늘 손님이 올 줄 알고 음식을 장만했습니다. 제가 새벽에 조상전 (당시 토속신앙에서 비롯되었다고 보아도 무방하다.) 서남당 같은 곳에서 조용히 기도를 올렸더니 손님이 올거라고 메시지 같은 전파를 받았습니다. 그래서 제가 음식을 마련해놓고 손님을 기다려야 되겠다 라는 생각을 갖게 되었습니다."
이 말을 들은 남전스님은
'아직까지 내 공부가 덜 끝났구나. 수행이 부족해서 들켰구나.' 라고 생각하며 처소로 돌아오자마자 모든 망상. 생각조차 일어나지 않게, 모든 망상을 제거 하는 수행에 들어갔다.
모든 사람들이 자기의 마음속에 들어오지 못하게, 타인에게 들키지 않는 것이 진짜 수행이다. 이렇게 되면 외도도 끝이고 모든 수행이 바르게 되는 것이다.
최고의 수행은 평상으로 돌아가는 것이다.
오조 법련 선사와 남전 스님의 일화에서도 볼 수 있듯이 내 마음의 문을 연다는 그 자체가 내 망상을 가지고 남의 망상을 보는 것이다.
이것이 바로 외도이고 잘못된 것이다.
어릴 때 엄마가 놀았던 놀이에 대해서도 성철스님의『본지풍광(本地風光)』에 비유법으로 나와 있다.

『본지풍광』「말과 묵묵함」372쪽.
鍾旭의 어린 누이는 三臺에서 춤추고, 여덟 팔 나타는 무쇠를 먹는다.

여기에서 삼대를 설명하자면 1대는 일승법을 말한다. 이는 단박에 깨쳐서 바로 돈오돈수에 이르는 단계이다. 2대는 이승법을 말하며 스님처럼 배우고 닦아 가는 단계이고, 3대는 삼승법을 말하며 보살행과 모든 세속에서 발심 수행하는 단계를 뜻한다.

달빛물장생 / 45.5×53cm / 한지에 수묵채색 / 2008

엄마의 구경각

엄마는 언제 처음으로 구경각을 보았을까? 궁금한 마음에 여쭤보았다. 엄마는 성철스님을 뵙기 전에 구경각을 보았다고 하셨다. 결혼을 하고 두 아이를 낳고 사는데, 엄마가 생각하는 결혼생활은 아이들 잘 키우고, 알뜰히 돈 모으고, 뭔가 절약하면서 생활하는 그런 생활을 꿈 꾸었는데, 현실은 정 반대였다.

아빠는 술을 좋아하고, 돈이 있으면 있는 대로 다 쓰고, 놀고 오고, 남 시선을 의식해야 하는 사람이었다.

친할아버지 회갑 날이었는지 모르겠지만, 사돈이 회갑 날에 온다며 그 하루를 위해서 전세 방세를 몽땅 빼내어 잔치를 치르려고 아빠는 계획을 하고 있었다. 그리고 그 다음날부터 다시 월세로 되돌아가는 그런 미래에 대한 계획을 전혀 하지 않는 개념을 가지신 분이었다. 엄마는 도저히 이해가 안 되고 용납이 안 되었다. 나도 그 부분에는 절대 엄마말씀에 백퍼센트 공감하는 바이다. 자기 형편대로 하면 그만이지, 살고 있는 집세까지 빼서 그런 상황을 연출한다는 것 자체가 그 사고방식부터 잘못되었다고 생각한다. 내가 여기까지 오게 된 것도 엄마와 같이 삶의 시간을 보내고, 모든 것은 엄마 덕분이라는 생각이 든다. 만약 아빠와 같은 사고방식의 삶을 살았다면 나의 형상은 상상도 할 수 없이 초라할 것 같다.

남의 시선을 위해서 자기가 몇 년 동안 쌓은 것을 하루 만에 다 없애고 다시 시작하고 하는 반복되는 생활이 용납이 안 되었다. 그때부터 엄마는 다시 엄마 속으로 들어가셨다. 참선에 들어가셨다. 엄마 자신을 들여다보며 '무기공' 부터 시작해서 '유기공' 까지 나오는 공부를 시작했다.

엄마는 두 아이와 놀아줄 때 외의 시간은 항상 참선에 몰두 하셨다. 엄마의 젊은 날에는 친구도 만나지 않으셨고, 항상 자신을 점검하는 시간을 가지셨다. 그러다가 내 동생 경아가 5-6개월 됐을 때 아빠가 생활비는 술 먹는데 다 쓰고, 주지 않는 바람에 아빠 몰래 엄마는 자신이라도 생활비를 벌어야 되겠다 싶어 경아를 업고 금산시장에 인삼을 사서 인삼을 팔러 가곤 했다.

'생계를 위해서 이것만 열심히 하자.' 는 생각으로 상가마다 인삼을 팔러 다니셨다. 경아가 울어서 포대기를 다시 야무지게 동여매고 인삼을 팔려고 인삼을 담은 고무대야를 아무 생각 없이 머리에 이려고 가슴까지 올리는 순간. 그때 평소에 눈에 안보이던 투명한 광경이 나타났다.

너무나 투명하고, 엄마가 이때까지 볼 수 있는 맑고 투명하고 원근감이 없었다. 바로 눈앞에 보이는 세계처럼. 너무나 먼지도 없고 맑은 시계, 똑같은 건물이지만, 평소와는 다른. 너무나 맑았다. 내가 보았던

관악산과 마찬가지로 일치하는 것이었다.

    엄마는 너무 놀라서서 대야를 들고 가만히 있다가 넋을 잃고 마음을 뺏겨 그 세계에 빠져들었기 때문에 아이를 업은 것도 잊어버리고, 인삼을 담은 대야를 계속 들고 있는 것도 무거운 줄 몰랐다.

    아무 생각도 안 들고 거기에 빠져들고 있을 무렵, 그때 그 전까지만 해도 엄마는 아이를 업은 채 무거운 것을 들고 있어도 '화두' 는 놓치지 않으셨다. 망상도 하지 않고 살아가는 것만 생각하고, 늘 화두를 들고 계셨다. 대야를 들고 무심코 눈을 들고 바라보았더니 '구경각' 의 세계가 나타났다.

    그 순간 너무나 놀라서서 10분 동안 쳐다보고 계셨다. 대야를 든 채로 말이다. 조금 있다 보니까 뒤에서 내 동생 '경아' 가 우는 소리와 함께 대야를 밑에 놓고, 일상으로 되돌아 왔다. 그때 그 10분을 구경을 한 것이다.

    구경각!

    그때 엄마는

    '내가 지금 뭐하는 거야?'

    '내가 뭐했지?'

    '내가 왜 이렇게 했을까?'

    하는 생각에 인삼이고 뭐고 다 신경 쓰지 않기로 하고, 팔기로 한 인삼을 그대로 집으로 가지고 왔다. 그리고 그 인삼을 항아리에 설탕을 넣고 재워 넣고, 너무 기가 막힌 일이 펼쳐져서 엄마는 몇날 며칠을 집에서 가만히 생각해 보았다.

    '이것은 무슨 현상이야?'

'내가 그렇게 오랫동안 헤매었는데, 이건 또 무슨 현상이야?' 라는 생각과 함께

'오늘 일은 잊어버리자.' 라고 일단은 접고 평소처럼 다시 돌아갔다.

그 후 몇 년이 지나고 엄마가 성철스님을 뵈었을 때, 스님께서

"너거 집이 오데고?"

"너거 고향은 어디고?" 라고 물었을 때 엄마는

"집도 없는 사람이 고향을 우째 압니까? 모르겠습니다." 라고 구경각에 입각해서 말씀하신 것이었다. 그때 성철스님께서 하시는 생각, 하시는 말씀을 구경각에 입각해서 다 알아들으셨던 것이다.

그런데, 엄마가 찾고자하는. 오랫동안 갈구하고자 하는 이상을 찾는데 유년시절부터 시작하여 너무나 많은, 수많은 시간이 소요됐다. 그렇지만 결국 엄마가 찾았던. 즉 그 이상적인 구경각의 세계를 알고 난 뒤부터는 추구하고 궁금해야 될 부분이 없어졌다.

여기에서 문제는 이것은 사회생활 하는 데 아무런 도움이 되지 않는다는 점이다. 말로 해서 표현할 수 있는 것도 아니고, 말을 할 수도 없고, 만약 이 투명한 기층적인 세계가 있다 라고 말을 한다면, 엄마는 이상한 사람이 되었을 것이다. 왜냐면 눈으로 보여줄 수 없는 것이니까. 사람들 눈으로 직접 보여 줄 수 있는 물건이 아니니까 말이다.

그것으로만 간직하고 엄마는 그 이후 잊어버리는 공부를 하셨다.

엄마는 스스로 체득하고 본 것을 잊어버리시는데 엄청 많은 시간을 소요하셨다. 여기에서 모든 것을 잊어버리는 단계는 '누진통' 이다. 누진통은 제일 어려운 단계이며 많은 시간이 소요된다. 왜냐하면 사람

은 작게 생각하면 소유욕에서부터 재물욕, 명예욕 등 모든 것을 가지고 집착한다. 그래서 이 모든 것을 버리는 단계가 누진 단계이다.

엄마는

'이것도 잊어버리고, 저것도 잊어버리자.'

'평범하게 돌아가자.'

'나는 두 아이의 엄마일 뿐이다.'

'내가 아무리 무슨 일이, 큰 일이 일어나도, 두 아이의 엄마로서 살아야지.'

'나로 인해 이 애들이 태어났으니 내 손으로 이 애들을 사람으로서 인간답게 살 권리를 가질 수 있게 해줘야 된다.' 라는 생각으로 말이다.

이런 생각으로 다짐을 하면서 아빠의 엉뚱한 행동으로 인해 조금 떨어져서 살았다. 어느 날 한번은 아빠가 찾아왔다.

엄마는 아빠보고

"해인사 백련암에 가서 하루에 삼천배씩 21일 기도를 해 보고 만약 마치면 내가 생각을 해 보겠다."고 하시며 마지막 한 번 더 기회를 줘서 보냈더니 아빠는 21일은 커녕 일주일도 못 채우고 내려갔다.

백련암에서도 못 채우고 내려갔다는 연락을 받고 엄마는 아빠와 함께 백련암에 찾아갔다.

그러나 큰스님께서 아빠보고 엄마에게 손가락을 가리키며

"너 저거 뭐할라고 데리고 사노?"

아빠보고 말은 했지만, 그것은 반대로 엄마에게 하시는 말씀이었다.

('저거 뭐할라고 데리고 사노?')

"저거 치워버리라." 이어 말씀하셨다.

그것은 엄마에게 '아빠를 왜 데리고 사느냐? 의지력도 없는 것이. 저거 치워버리라!' 하는 말씀이셨다.

그래서 역시 스님 말대로 완전히 정리하고 세월이 지나보니까 스님께서는 엄마한테는 바로 직접 말을 안 하시고, 예를 들어서 간접적으로 이야기 하시는 스타일이셨다. 엄마는 스님께서 어느 각도에서 말씀하시든지 간에 그 말씀을 다 알아들으셨다. 그 후 오자 말자 정리를 하고, 엄마는 셋이서 열심히 살겠다고 굳은 결심을 했다.

두 아이를 데리고 살 때, 어느 할머니가,

"저 여자 자살할 것 같다. 애들하고. 아무것도 없이 어떻게 살아갈까?" 그랬는데, 시간이 지나고 세월이 지나다보니 막상 내가 히말라야 트래킹 다큐 프로그램이 TV에 방송되고 하는 것을 보았는지. 너무 놀랐다고 방송국에 전화를 하셨다. 그 사이 많은 변화가 있었다며, 놀라셨다고 하셨다. 사람은 아무리 어려워도 시간이 지나면 살아가는가 보다. 이런 이야기를 들은 적이 있다. 엄마는 공부하는 시간 보다 잊어버리는 시간이 너무나 많이 걸렸다.

그래서 엄마는 성철스님을 만나고 난 이후에는 부처님을 팔아먹고는 안산다고 다짐하셨다.

"부처님을 팔아먹을 이유가 없다."

"부처님은 부처님대로 같은 길을 걸었을 뿐이고, 나는 나다."

"나는 나의 현실에서 두 아이를 키우고 사는 것으로 끝난다."고 하셨다.

성철스님의 인연도 감사하지만, 성철스님의 『본지풍광』에서도 한 가지에 났으나, 나중에는 각각 다르다고 하셨다.

죽음보다 무서운 공포–
아버지

　벚꽃이 흐드러지게 핀 4월의 봄날, 고궁의 단아한 멋이 풍기는 덕수궁에서 책 교환 모임이 있었다. 두런두런 이야기를 나누며, 책 교환에서 나에게 배정된 책은 오래된 [아버지]라는 책이었다. 나는 아버지라는 책 제목을 보는 순간 어릴 때 회상이 내 머릿속에서 영상처럼 지나가고 있었다.
　삶이란 지옥과 극락이 함께 한다는 것을 느낄 수 있었다. 죽음보다 불안과 공포스러움이 더 무서울 수도 있다는 생각이 들었다. 불편했던 몸이 문제가 아니고, 환경적인 위치에서는 어린 아이한테는 벗어날 수 없는 운명도 될 수 있지 않을까 라는 생각도 들었다. 이 글을 쓰면서 고백하건대 나는 절대 좋은 환경에서 자라난 것은 아니었다. 나의 아주 어린 시절의 기억은 내가 불편한 장애를 가진 몸보다 불안과 공포의 대상이 아버지였다. 성철스님께서 하신 말씀이 이해가 된다.
　나에게 있어 아버지란 존재는 죽음보다 무서운 공포였다.

엄마와 잠시 떨어져 있을 때, 어릴 때 도망쳐야 되는 시절. 아버지 입장에서는 내가 잘못을 했던 것 일수도 있으나 어린 나 자신한테는 아무런 잘못도 하지 않았다고 생각하고 있었다.

도마 위에 손을 올려놓게 하고, 손을 자른다고 칼을 여러 번 내리치는 순간, 그때 그 공포는 잊을 수가 없다. 아! 그때는 너무나 무서웠다.

'아, 내가 여기에서 손까지 잘려나 되나?'

'손이 잘리는 이 공포스러운 순간보다 차라리 죽고 싶다.' 라는 생각이 들었다.

지금 생각해도 무서운 공포였다고 생각한다.

그때는 내가 사람이 아니었던 것 같다. 지금생각해보면 인간으로서 가져야 할 존엄성을 박탈당한 기분이었고 살처분 당하는 어린 병아리 같은 심정이었다. 평소엔 무심코 지나가다 그렇게까지 생각하지 않았는데, '아버지'라는 그 책이 나에게 왔을 때, 그 무서웠던 공포스런 기억이 불현듯 내 머릿속을 스쳐지나갔다. 만약에 아버지의 입장에서 그런 방식이 교육이라 해도 지금 생각해봐도 절대 그렇게 하면 안 될 일이었다고 생각한다.

나한테는 아버지라는 존재가 두려웠다. 우리 엄마는 '가족'을 정의할 때 '편안한 쉼터 같은 존재'가 되어야 한다고 생각하는데, 아버지는 우리 가족이 늘 화풀이 대상이었다.

엄마는 어떻게 살아갈까 하면서 새롭게 살 터전을 마련할 때까지 잠시 헤어져 있을 때 나와 내 동생은 얼마동안 아버지와 함께 살아야 했다. 그 생활은 불안과 공포의 연속이었다. 아버지는 술만 마시면 화풀이 대상으로 때리고, 벌벌 떨면서 맞는 아이들의 심리상태는 안중에도 없고, 나약한 아이가 맞아 피가 터지는 것은 상관없이 그것이 본인이 어린아이 라는 약자에 대한 어른이라는 강자라는 인식을 스스로 확인하면서 만끽하고 싶었던 것 같다.

그 순간을 피하려고 동생과 나는 도망을 쳐야만 했다.

동생은 민첩해서 빠른 속도로 도망을 갔지만, 나는 달리기를 잘하지 못했기에, 옆집의 어둡고 깊숙한 담벼락 옆으로 펼쳐진 남의 채소밭이 있었다. 높은 담 덕분에 완벽한 그림자가 늘어져서 숨기에 최적이었다. 어두워서 사람이 있어도 보이지 않을 것이라 생각했다. 옆의 남의 채소밭에 납작하게 엎드려서 죽은 사람처럼 죽음을 생각했다.

'아. 이대로 죽어버렸으면 좋겠다.' 라는 생각이 들었다. 그런데 어쩌다가 고개를 드는 순간 아버지가 잡히면 때려죽이겠다는 태세로 찾으러 다니다가 돌아가는 상황을 지켜봐야만 했다. 어떻게 그런 생각으로 행동을 했을까? 돌이켜 생각해보니 세상에 어린 꼬마였던 아이가 옷이 더럽혀지는 게 문제가 아니라 직감적으로 생명의 위협을 느껴 맞아 죽을 것 같은 느낌이 들었다. 나름대로의 무의식적인 생존의 문제에 직면했었던 것 같다. 아버지라는 존재는 나에게는 죽음보다 불안과 공포를 자아내는 존재였었다.

지금 생각하면 국가에서 가정폭력을 행사하는 이런 부모 밑에서 절대적으로 어린이는 격리시켜 보호해줘야 된다고 생각한다. 폭력적인 성향이 짙은 성격의 소유자가 밑에 있는 사람에게 폭력을 가하면 당한 아이들은 역시 그 속에서 자라 폭력을 대물림할 가능성이 높다.

　그리고 그러한 폭력에 반복적으로 노출되면 저항할 생각보다는 체념으로 전환되어 스스로 운명이라 받아들이는 경향이 많다. 폭력을 하게 되는 원인을 살펴본다면 스스로의 자제력의 상실을 들 수 있으며, 또한 자존감에서 문제가 있다고 본다. 자신이 스스로가 귀한 사람이라는 것을 알지 못하며, 타인을 복종시켜 자신이 우위에 있다는 자기 위안과 동시에 자신의 존재감을 인식하고 있는 것이다. 그렇게 찾은 존재감의 확인은 비뚤어지기 마련이다.

　또 자신을 제어하지 못한 상태에서 또 다른 폭력의 원인제공으로 음주를 들 수 있다. 적당한 음주는 분위기 전환으로 화기애애한 친목을 도모하겠지만, 그 수위가 지나치면 문제가 발생하기 십상이다. 흔히 음주로 인한 사건 사고에서 자기의 의도와는 다르게 자신도 모르게 저질렀다 라며 '술'의 힘을 핑계로 떠넘기고, 그로 인한 자제력의 상실을 이유를 들어 죄에 대한 처벌의 강도를 희석시키려는 의도가 많다. 이러한 범죄를 너무나 가볍게 치부하여 용인되거나 처벌의 강도가 약한 경우가 많은데, 그것은 필히 개선되어야 한다. 폭력의 주된 원인 중에서 알코올 중독으로 인해 발생하는 사고도 무시할 수 없다. 음주운전을 비롯하여 술로 인해 실수로 인한 범죄라 할지라도 쉽게 용서하고 용인되는 사회는 개선되어야 한다. 법적으로도 폭력과 음주는 더욱 더 강력하게 제재를 가해야 한다고 생각한다.

아버지와 계속 같이 살게 되었다면 지금의 나는 없었거니와 끔찍한 생활의 연장선에서 매일매일이 지옥 같은 생활을 하였을 것 같다.

사람들은 내가 대학원 박사까지 마치고 사회생활을 하고 있는 것이, 아주 유명한 아버지를 두었거나 부자 아버지가 뒤에서 받쳐주고 있다고 생각하는 사람들이 많다.

생각조차 하고 싶지 않은 것이 아버지이다. 도움 받은 것은 없다.

그와 반대로 우리 엄마는 '가정'을 정의할 때 '지상에서 최고로 편안한 쉼터'가 되어야 한다고 생각하신다. 그 이후 나는 우리 엄마와 살게 된 것을 너무나 행복하게 생각한다. 엄마는 인간의 품성과 생각과 자유를 위한 기초가 교육개념이기 때문에 교육을 소중하게 생각한다.

우리 세 식구는 검소 절약해서 이 자리까지 오게 되었다. 물건하나라도 아껴 쓰며, 몇 십년동안 쓸 정도로 검소하게 생활하고 있다. 공부와 주거하는 것 외에는 투자를 안 한다. 화장품도 잘 쓰지 않으며, 각자 원하는 삶을 살기 위해서 나는 절을 하고 있고, 엄마는 엄마 나름대로의 참선과 절을 하며 각자의 시간을 존중하며 보내고 있다.

우리는 남한테 보여주는 삶보다 내면을 충실히 하는 삶을 지향한다. 타인의 시선보다는 오늘 하루의 삶에 진정으로 반성하고 참회하는 생활을 한다.

그런데 나는 가끔가다 엄마에 대해 분석을 하면, 영 아닌, 즉. 생각 밖의 이류(異類) 중의 엉뚱한 행동을 하신다. 분명히 싫어하고 아닌 사람인데도, 그냥 담담하게 이야기 하고 있고, 분명히 일어서야 되는 자리이지만, 그 자리에 있는 경우가 있다. 그 사람의 마음과 심리를 찬찬히 뜯어보면서 이야기 하고 있다. 그리고 그 결과를 감당을 하면서 말이다.

그게 뭘까?

엄마의 말대로 인연은 씨실과 날실이 만나 엮여져 베틀의 옷감을 짜는 것처럼, 전생의 인연이든, 현생의 인연이든, 후생의 인연이든 악인이든. 선인이든 모두가 얽혀있기 때문에 순리대로 풀고 있다는 점이다.

도라는 것은 흘러가는 물과 같아서 물과 물끼리 자유롭게 섞이고, 희석되고, 그러면서 증발되는 순환원리처럼 상대의 본래의 성품을 볼뿐이지. 꺼리거나 멀리하거나 차별을 두지 않는다. 도를 이루었다고 해서 정좌된 모습을 보고자 한다면, 절에 가서 불상을 보면 될 것이다.

사람은 사회에서 높고 낮음이 없이 인연 따라 물처럼 높고 낮음이 없이 물과 물처럼 어울리는 것이다. 한마디로 말하면, 높고 낮음도 없고, 귀하고 천함도 없다. 평등할 뿐이다.

범부가 성인의 법을 알았을 때, 성인의 옷을 입고 성인 행세하는 것 보다는 차라리 다시 범부로 돌아와서 나머지 삶을 유지하는 것도 좋은 의미이다.

영원한 가족사랑 / 45.5×53cm / 한지에 수묵담채 / 2010

운명보다 강한 의지

　원래 도(道) 라는 것은 하나의 길을 말한다. 내가 어떤 목적을 세워서 향하고 있는 길을 뜻하는 것이다. 원하는 도를 이루기 위해서는 집중적으로 울타리를 세워주는 것이 있다. 그것은 계율이다. 즉 질서를 말한다. 한 나라를 구성하기 위해선 질서가 있어야 체계가 잡히듯이, 도를 위해서 향하는 길도 집중적으로 행하는 빠른 길도 있다. 제주도에서 목적지가 '서울'이라고 한다면, 그 길을 가는 방법은 여러 가지가 있다. 비행기를 타고 바로 서울까지 도착할 수도 있고, 배를 타는 방법도 있으며, 자동차를 이용해서, 혹은 걸어서 도착하는 방법 등 도착하는 방법은 여러 가지로 나누어진다. 또 그만큼 소요되는 시간도 천차만별이다.
　여기에서 선택의 방법에서 장단점도 있다. 비행기를 타고 목적지인 서울까지 도착하는 사람은 최단기간에 도착하여 시간을 아낀다는 장점이 있다. 그와 반대로 걸어서 서울까지 도착하는 사람은 시간은 몇 배로 많이 걸리지만 보고 듣고 하면서 시행착오를 거치지만 많은 경험을 하는 장점도 있을 수 있다. 그래서 이를 수행에 비유한다면 비행기를 타고 단박에 바로 목적지에 오는 사람의 경우는 조사선으로 '돈오돈수'를 뜻하며, 걸어서 목적지에 도착하는 사람은 여래선으로 '돈오점수'에 속한다. 여기에서 빨리 가고 늦게 가고의 매개체 역할로 바로 선지식이 필요하다. 비행기를 타고 가는 비용처럼 시간을 단축시켜주기 때문이다.

선지식은 가깝게 이야기하면 선배와 같다. 나는 선배를 뒤따라가는 후배일 뿐이다. 선배와 후배 사이의 역할이 시간의 값어치를 결정해 줄 수도 있다.

도인(道人)이라는 것은 운명보다, 자기의 강한 의지로 운명을 이겨낸 사람들이다. 그러기 때문에, 운명은 무엇을 뜻하느냐? 자기의 의지에 의해 바꾸어질 수 있는 것이다. 자기보다 더 강한 것이 있으면 안 되지만, 자기가 스스로 한 만큼 바꾸어질 수 있다. 『본지풍광』에 459쪽에 연관시킬 수 있는데. 처음에 성철스님께서

"너거 아는 국민학교 5학년이다."라고 하셨다.

내가 성철스님을 처음 뵌 것은 7살 때였다. 병원에서 마음의 준비를 하라는 선고를 받고서 모든 것을 정리하기로 마음먹고 이 세상에 태어나 살아온 시간에 대해 참회라도 해보자는 엄마의 말씀에 동의하여 백련암에 찾아갔다. 3일에 걸쳐 삼천배를 마치고 성철스님을 뵈었다. 뵙자마자 나는 이렇게 여쭈었다.

"스님. 저 죽는대요. 저 언제 죽어요?"

무뚝뚝하게 던지시는 말씀이

"오늘 저녁에 죽어라."

그 말씀을 듣자 나도 모르게 목이 메고 눈물이 쏟아졌다. 그리고 엄마가 절을 하고 있는 법당으로 달려가 눈에는 눈물이 줄줄 흐른 채로 그 말씀을 그대로 전하자 엄마는

"그럼 어디 가서 죽어야 되는지 다시 물어 봐."

그래서 나는 다시 성철스님께 찾아가서 그대로 되물었다.

"스님 저 어디 가서 죽을까요?"

"너거 집에 가서 죽어라."

"우리 집에는 돈이 없는데…"

"너거 엄마 돈(頓) 많다."(여기에서 말하는 돈(頓)은 돈오돈수(頓悟頓修)를 말한다.)

"어차피 죽으면 49제는 여기서 지낼 텐데, 여기서 죽을 랍니다."

이 말을 듣고 스님이 놀라셔서 엄마한테 찾아와서 이렇게 물었다.

"너거 아 와그라노?"

할 때, 스님의 뜻은 경아 쪽에 관심이 많았으나 엄마가 방향을 나한테로 바꾸어버렸기 때문에 약간 당황스러움이 느껴졌다. 이에 대해 확인 차 엄마를 찾았다. 엄마는 내가 삶의 끈을 놓지 않으려고 너무나 애를 쓰는 모습이, 마지막까지라도 비틀거리며 놓지 않으려는 그 의지에 엄마는 그때부터 마음을 바꾸셨다. 엄마는

'한 아이는 죽고, 한 아이를 살리는 것 보다 둘 다 살리자. 그러면 좋다.' 라고 생각했다. 스님은 은근히 경아를 염두에 두셨지만, 엄마는 그 운명을 바꾸어버렸다.

"스님이 시작했으니, 스님이 책임지이소."라며 시치미를 떼며 운명을 바꿔버렸다.

그러자 스님이 놀라셔서 가만히 나를 쳐다보고 있다가.

"야이. 가시나야. 오래 살아라."하고 나가버리셨다.

나가시면서 하시는 말씀 "그라고 하루에 천배씩 꼭 절하고."하시면서 말이다.

스님은 처음에 놀라셨다. 한명은 버리고, 나머지 한명을 취할 줄 알았는데, 엄마가 나를 거두어들이면서

'운명보다 강한 것은 의지이다. 내가 책임지지!' 라고 결단을 내리고, 스님께

"스님이 시작했으니, 스님이 책임지이소." 라고 해서 한참 쳐다보고 있다가 나중에는 동의를 하셨다. 처음에 스님께서는 어안이 없으셨다. 어안이 없으셨던 것은 사실이다.

앞에서 본 이 책에도 나와 있듯이, 강한 의지가 있는 사람들은 충분히 북두를 바꾸고 사람의 운명을 지배할 수가 있다. 『본지풍광』 「스님을 감정」 459쪽을 참조하면 된다. 강한 의지만이 운명을 지배할 수 있다. 엄마는 여기에 자신이 있었기에 나를 보면서

'좋다. 그러면 나는 너를 선택하겠다. 저 죽어가는 아이를!'

그래서 스님은.

"야이 가시나야. 오래 살아라. 하루에 천배씩 절 하거라."하신 것이다.

그 당시에는 엄마는 나를 살리겠다는 일념으로 무장되었던 것 같다. 그래서 엄마의 강한 의지에 못 이겨서 결론이 났다. 성철스님과 선문답이 있은 후에 엄마의 시선은 항상 나를 조용히 지켜보셨다. 내 동생 경아를 보면 씩씩하고, 튼튼하고, 여러 가지로 마음이 들었었는

데 기가 막혔지만 결론이 났다. 그것은 사람이 육아를 보육하는 입장에서, 아이를 키우고 교육시키는 것은 엄마의 역할이다. 엄마는 산중에서 도 닦는 스님보다 잘 할 수 있는 것이 '아이를 키우는 것은 잘 할 자신이 있어서 그래 좋아. 내가 이해를 시키고, 죽어가는 아이를 살리고, 저 바보를 사람 만들겠다.' 라고 엄마는 생각했다. 이어서

'나는 아픈 사람을 하나라도 희생을 시키지 않고, 거두어들이겠다. 그 대신 나는 이 세상에서 죽은 사람처럼 살겠다. 하나를 얻으려면 하나를 줘야 되기 때문에, 나는 내 청춘을 주겠다. 이 세상에 주고받는 법칙이 분명하기 때문에, 좋아. 내 인생의 시간을 주겠다. 그리고 이 세상에 없는 사람처럼 살아갈 것이다.'

그랬다. 우리 엄마는 자신의 젊은 날, 청춘의 시간을 모두 바쳐 바보를 제대로 온전한 사람 하나 만들었다는 생각이 들었다. 나를 바르게 키워주셨는데 얼마나 인내하고 끈기 있게 기다려 주신 시간에 감사하다. 내가 엄마라면 나도 엄마처럼 그렇게 할 수 있을까!

우리 엄마지만 정말 대단하신 분이시다. 엄마의 육아법에 대한 철학은 다음과 같다.

예를 들면 '여왕벌을 만들려면, 먹이부터 틀리고, 여왕개미를 만들려면 일개미가 먹는 것과 여왕개미가 먹는 것이 틀리다. 정신적으로. 육체적으로 집중적으로 연구를 해서, 그에 따른 의지가 강해. 운명을 이겨낼 수 있는 의지가 강하다면 모든 방법을 동원해서라도 할 수 있다.' 라고 엄마는 분명하게 다짐했다.

어릴 때 나는 머리가 엄청 나빴다. 인간의 힘으로 할 수 있는 것은

엄마는 다했다고 하셨다. 부처님 계율을 살짝살짝 어겨가면서 머리 좋다는 식품을 다 먹여보았다. 머리 좋다는 양파(?)를 나도 모르게 살짝 갈아서 먹여보기도 하고, 오메가 3지방이 들어있는 식품은 들깨에도 있지만, 고등어에도 있어서 그것도 갈아서 죽 끓여서 먹이기도 했다. 좋다는 것은 다 먹이고, 엄마는 참회하셨다. 엄마 스스로가 책임진다며…

강한 의지! 일반 사람과 수행을 이룬 큰 스님이 다른 것은 그 의지 하나이다. 차이점이 있다면 그것뿐이다. 그 의지력이 있으면, 내 운명을 바꿀 수 있을 뿐만 아니라, 타인의 운명까지도 바꿀 수 있다. 심지어 그렇게 바꿀 수 있지만, 주고받고 하는 상대적 개념이 있기 때문에 그렇게 함부로 쓰지 않는다. 그것은 절대적인 금기사항이다.

엄마는 내가 자식이기 때문에, 그냥 살고자 하는 그 운명을. 그만큼 간절한 운명을 눈으로 보고, 엄마의 젊은 시절을 바꾼다는 선택을 했기 때문에 운명을 바꾸어버렸지만, 수행을 이룬 큰 스님들은 타인의 운명에 대해 절대 관여를 하지 않는다.

분명하지만, 죽이 되던. 밥이 되던. 인연 따라 가도록 내버려둔다.

그 후 성철스님께서는 "야이. 가시나야. 오래 살아라." 라는 말씀 이후에 평소에 내가 궁금한 것에 대해 질문하면 그에 대해 내 눈을 보면서 설명을 해주셨다. 감사하게도 내가 박사논문을 쓸 때 갑갑했던 순간에 선가적 관점과 연계 시킬 때, 예전에 성철스님께서 말씀해 주신 것이 기억이 나서 도움이 많이 되었다.

결론적으로 성철스님이 생각한 방향과 엄마가 의도한 방향이 틀어져 바

2009년 박사학위 수여식 때

뀌었지만. 성철스님은 엄마의 생각을 따라 주었다. 과연 될까? 하면서 엄마에게 맡겨버렸다. 결국에는 내가 박사학위까지 받게 되어 이 책을 쓰게 되었다.

의지에 대해 설명을 하자면, 내가 오늘 하고자 하는 일이 하나 있다고 치자. 그 일을 하지 못한 이유는 여러 가지가 있을 것이다. 아파서. 비가 와서. 혹은 바람이 불어서. 등등 이 같은 이유는 보조적인 환경요소일 뿐이다. 주된 요소는 자기이다. 왜 자기 자신이 환경요소에 의해 구속이 되어야 하는가! 그 환경 요소는 자기 자신을 구속하는 구속력은 없다. 자기 스스로 구속이 되는 것이다.

예를 들어서 비가 오거나 눈이 오거나 내가 해야 되는 일이 있다면, 하면 되는 것이다. 비가 오더라도 밭을 매여야 한다면, 옷을 버릴 각오를 하고 매면 그뿐이다. 주(主)가 환경에 끌려가면 안 된다. 오늘 할 일이 있다면, 꼭 그것을 하고 나머지 보조적인 것을 해야 하는데 어떤 이유가 있어 못한다면 그것은 실천 의지가 부족한 것이다.

우리가 스스로 정해서 해야 할 일을 다음으로 미루지 말자!

백련암
누룽지 사건

백련암에서 아비라 기도를 할 때 생긴 일이다. 기도 첫날, 풍경을 그려보자면 전국 각처에서 기도하는 발심으로 모인 보살님들, 처사님들, 누구라고 할 것 없이 많이 모였다.

그 당시 쌀 포대에 대해 이야기를 하자면 지금은 쌀을 담는 포대가 지금은 거의 대부분이 pvc 포대지만, 당시엔 극히 귀한 상태였다. 그 시절에 흔히 볼 수 있는 쌀 포대는 짚으로 만든 가마니 포대였다.

대중공양으로 들어온 쌀가마니를 마당에서 부엌으로 옮기는 과정에서 쌀가마니가 살짝 터졌는지 마당의 모래위에 쌀이 몇 알이 떨어졌다. 성철스님께서 마침 나오셨는데 그것을 보시고 대중을 불러 모아서 하시는 말씀이

"몇 시간이 걸쳐서라도 마당에 떨어진 쌀알을 전부 다 주워라." 고 하셨다.

농부가 피땀 흘려 노력한 곡식의 귀중함. 먹을 것의 귀중함에 대해, 성철스님의 생각을 짐작해 보면

'모든 먹을 것은 내가 나누어 줄 권리는 있어도 버릴 권리는 없다. 이 세상에서 굶주린, 사람과 동식물이 있는 한 나는 버릴 자격은 없고, 나누어줄 자격은 있다.' 는 생각이었으리라!

그래서 모인 대중들이 너나 할 것 없이 전부 다 몇 시간 울력을 동원해서 모래 속에 쌀알 몇 개를 줍기 시작했었다. 그렇게 모든 쌀알 줍기가 끝나고 기도가 시작되었다. 그때 그 당시에 아비라 기도는 워낙 힘이 들어서 그 중에 몇 명은 포기하는 사람도 있었지만, 서로 독려하며 같이 마치자고 의기투합하는 사람들도 있었다.

힘든 기도라 기도는 밥심! 이란 생각이 들기 마련이다. 힘든 기도 끝에 먹는 음식은 꿀맛이기에, 먹는 힘으로 버티고, 밥심 덕분에 기도하는 과정의 인내하는 시간들이 길어졌다. 몇 번 기도에 참석해 본 보살님들은 그 과정의 힘든 시간들을 아니까 먹고 힘내자며 누룽지 긁은 것을 모아 주변 사람들에게 조금씩 조금씩 나누어주곤 했다. 기도하기 전에 힘내서 열심히 하자는 생각에 먹을 간식을 살며시 건네주기도 하고, 휴식시간에는 가진 것이 조금밖에 없으니까 주위에 있는 사람들에게 살짝궁 나누어 주기도 한다.

주머니와 주머니 사이에 손이 슬그머니 오고가는 가하면, 큰 스님 모르게 살짝 먹기도 하고, 또 오이를 가지고 온 사람들도 혼자 먹지 않고 너 나 할 것 없이 나누어 먹고, 네꺼. 내꺼 없이 가방 속에 가지고 온 비상식량의 모든 것을 털어놓고 서로 다 나눠 먹었다.

만약 나누어 주는 대회가 있다면 모두가 1등감이었다. 그런 사소하고 조그마한 행동은 힘든 기도 가운데에서 서로가 서로를 쳐다보고 웃는 작은 즐거움 이었다. 그것은 좋게 포장하면 '정(情)'을 나누는 시간이었다.

나도 그 아비라 기도를 해본 터라 당시의 에피소드를 이야기 하자면, 간간히 미소 짓는 추억으로 남아 있다.

그런데 엄마는 아비라 기도 중에 정해진 식사 시간와 먹는 것에 대해 그렇게 싫을 수가 없었다. 먹는 것도 수행을 하는 도중에 포함되는 일이고, 수행의 연장선이라 생각하셨다. 엄마는 사람들이 주는 누룽지를 먹지 않고 그대로 윗옷 주머니에 모으고 모아서 주머니 속에는 누룽지 조각들이 몇 개 있었다. 이를 만지락 만지락 하다가 마침 성철큰스님이 스님 방에서 나오셔서 마당 한 컨 연못 앞에 서 계시는 것을 발견했다.

성철스님의 서 계신 연못은 엄마가 있는 자리에서 그 길이를 눈으로 재어 간격을 측정해볼 때 대략 3미터에서 3미터50 정도 되는 거리였다.

엄마는 사람들이 준 누룽지를 조물락 조물락 해서 2개의 덩어리로 만들었다. 이어서 성철스님이 서 계신 발 밑 연못을 향해 누룽지 2개중에 하나를 풍덩 던졌다. 스님은 뭐가 풍덩 떨어져서 놀래서 쳐다보고 몇 십초의 시간이 흐르자 뭔가 떠올랐다. 그것이 '누룽지' 라는 것을 확인하고 화가 나서 누가 던졌나 두리번거리며 쳐다보는데, 다른 사람들을 쭉 살펴보니 자기네들끼리 이야기 하느라 정신이 없는 가운데, 엄마를 발견하셨다. 엄마는 그 자리에 똑바로 선 자세로 성철스님 보는 앞에서 두 번째 누룽지를 또 다시 던졌다. 불과 온 대중이 모여서 몇 알의 쌀을 주운지 얼마 지나지 않았는데, 엄마가 누룽지를 던졌으니 스님은 화가 가득 나셨다.

스님의 얼굴표정은 눈을 동그랗게 해서 쳐다보시고, 안색이 울그락 불그락 해져서 금방이라도 큰소리가 나올 기세로 엄마를 딱 쳐다보셨다.

엄마도 지지 않고 스님을 쳐다보았다. 그렇게 하고 뒤돌아서서 엄마는 같이 온 친척 동생한테 재빨리 다음과 같이 말씀하셨다.

"우리 지금 도망가자. 한 30분 도망가자."

같이 온 친척 동생은

"10분후에 바로 기도 시작할건데 어디 도망가요?"

"10분 후에 기도 시작 안한다. 내말 듣고 괜히 여기에서 화를 당하지 말고, 시작하면 바로 내려오면 될 테니까 저 옆에 바위 뒤에 딱 편안하게 숨어있자"

그 말이 끝나자마자 두 사람은 바로 바위 뒤에 올라갔다. 관음전

바위 뒤에서 올라가서 쳐다보면 안에 마당과 내부가 어느 정도 다 보이기 때문에 두 사람은 지금부터 어떤 일이 일어날지에 대한 사태를 관망하기 시작했다.

그래서 숨죽여서 앉아 있으니까 이윽고 성철스님이 시봉하는 스님들 보고

"대중을 다 모아라." 해서 대중이 전부 다 한자리에 모였다. 스님은 대중을 모아놓고, 음식과 먹을 것에 대해 아까 전에 쌀알을 함부로 한지 얼마 됐다고 나무라시며 왜 기도 중에 간식을 먹느냐고 훈계를 하셨다. 기도기간 중에서 물마시고, 식사시간에 식사를 하는 것 외엔 먹을거리는 전부다 금지! 시켰다. 그러고 난후 기도를 하기 위한 움직임이 시작되었다.

스님이 한바탕 훈계를 끝낸 것을 바위에 앉아서 가만히 지켜보고 대중이 흩어져서 각각 처소에 들어가서 기도하러 갈 채비를 할 때쯤 두 사람은 같이 내려와서 기도에 합세했다.

그 다음에 성철 스님을 쳐다볼 때 엄마는 앞에 일은 없는 듯이 모르쇠 했더니 성철 스님 역시도 아무런 일 없듯이 하고 잊어버리고 끝난 일이 있다.

2개의 원상

1983년의 백련암 가는 길은 자연적으로 만들어진 나무뿌리로 된 계단이 인상적이었다. 비 올 때나 이슬이 내릴 때는 땅바닥에 떨어진 나뭇잎들이 축축하게 젖어있어 걸어갈 때 조심해야 한다. 그럴 때는 나무뿌리 계단을 잘 딛고 올라서야지만 미끄러지지 않는다.

지표면으로 나온 뿌리들이 서로 엉켜서 마치 그물망처럼 엮여져 있었다. 갈 때마다 나무들의 영역으로 들어가는 것 같아서 사뭇 신기하기만 했다. 겉으로 평화스러워 보이지만 뿌리의 영역 확장이 인간세계와 마찬가지 모습이기 때문이다. 엄마는 그 길이 몇 번을 올라가면서도 항상 언젠가는 못 갈 것 같다는 생각이 들었다.

그래서 홀로 백련암으로 가셨다. 지표면으로 빠져나온 나무뿌리의 인상적인 모습을 담고 싶은 엄마는 1회용 카메라를 사서 여기저기 재밌게 엮어져 있는 정경을 사진에 담고 있었다. 사진 찍는데 정신이 팔려 바스락 거리는 소리와 함께 사람의 이야기 소리에 깜짝 놀라 뒤를 돌아보았다.

그때 성철스님께서는 시자스님과 함께 큰 절 법당에 상당법문을 하시고 백련암에 올라오시는 길이었다. 날씨가 하도 무더워서 윗옷저고리를 벗은 런닝 차림으로 걸어오셨다. 엄마는 갑자기 재미있는 생각이 들어서 1회용 카메라로 불과 10m 앞에서 사진을 몇 장 찰칵. 찰칵 찍었다. 성철 큰스님은 가만히 계셨고, 시자스님은 엄마께 사진기를 달라고 했다. 그때 시자스님은 원안 스님이었다.

그런데 엄마는 성철큰스님께 이렇게 말씀 올렸다.

"스님, 원상이 나한테는 너무 작아요. 평소에 항상 그렇게 생각했는데, 차라리 큰 원상하고 바꾸기로 합시다."라고 하시며 이어서

"다음에 올라올 때 바꾸는 걸로 생각할게요." 하면서 카메라를 호주머니 속으로 넣고 돌아와 버렸다.

1주일 정도 지난 후에 엄마가 백련암에 갔을 때 시자스님이 큰 원상 2개를 가지고 와서 골라 보라고 했다. 젊은 날의 엄마는 워낙 까탈스럽고 까다로왔다. 2개의 원상을 만들어서 마음에 드는 것을 가져가고 카메라를 통째로 넘겨달라고 했다.

엄마는 원상 2개를 번갈아가며 한참을 꼼꼼히 살피고 난 후 2개를 통째로 돌돌 말아서 부피를 작게 한 다음에 카메라를 돌려주고 급한 걸음으로 백련암에서 내려왔다. 그런 상황에 시자스님은 엄마의 배짱에 놀랐는지, 어처구니가 없는지. 기가 막히는지 가만히 있었다.

또 1주일이 지나서 엄마는 백련암에 올라갔다. 그때 시자스님이 엄

마께 이렇게 말하였다.

"카메라를 가지고 현상소에 갔더니 아무것도 없던데요?"라고.

그러자 엄마는

"그때 성철 큰스님과 말하는 도중에 팔을 뒷짐 지듯이 뒤로 돌려서 카메라를 등허리 뒤쪽에서 뚜껑을 열어 빛이 들어가게 했으니까 당연히 아무것도 안보여야 정상이죠."라고 하였다. 그리고 엄마는 아무 일 없듯이 모른 채로 일관했다. 성철 큰스님도 모른 채로 일관하셨다.

박정희 장군 시절 이야기

　기도 도중 잠시 쉬는 시간에 사람들은 이야기꽃을 피운다. 그 가운데 어느 한 사람의 발언권이 세면 그 사람의 말에 집중되는 경향이 있다. 그 이야기 가운데에는 지식이 풍부한 면모를 보이는 사람도 있는가하면 엉뚱한 말로 사람들의 배꼽을 잡는 보살들도 있다. 기도 중에 허리를 비롯해서 온 몸이 쑤시는 근육통이 여기저기에서 아!, 으아! 하는 몇몇 사람의 신음소리가 들린다. 그 신음소리와 함께 동시에 모였던 다리를 질질 끌며 조심스레 옮겨가는 모습이 희화화 되지만 같이 기도해 본 사람으로서 자신은 표현하지 않아도 상대의 말과 행동에 같이 공감대가 형성되어 껄껄 웃기도 한다.
　행동과 고통으로 인해 이목이 집중되면 신나서 말의 재미를 더하는 사람들도 있어서 그야말로 얼굴 생긴 것만큼 성격도 천차만별이다. 정말 다양하게 웃음을 주는 사람들이 참 많다.

쉬는 시간이 되면 서로 주고받는 이야기 속에는 온갖 옛날이야기가 다 펼쳐지기 시작한다.

어느 할머니가 "성철스님이 파계사 성전 토굴에 계실 때인지 모르겠는데…" 하며 이야기를 꺼내실 때 모두가 숨죽이며 집중하기 시작했다.

시대적 배경은 박정희 대통령이 4.19 혁명 나기 전 장군시절 때로 거슬러 올라간다. 박정희 장군은 당시에 앞으로 자신의 미래를 점쳐보고 싶은 생각에 주변 사람들에게

"우리나라 최고 도인이 누구냐"고 물었더니 많은 사람들이 '성철스님'이라고 이구동성으로 말하게 되었다. 그 후 박정희 장군은 성철스님을 찾아왔다고 한다.

박정희 장군이 성철큰스님께

"큰스님. 나 좀 봐주소." 했더니 성철큰스님께서는

"나는 아무것도 모릅니다."라고 하셨다.

아무런 대답도 듣지 못한 박정희 장군은 돌아갔다.

저만치 돌아서는 모습을 지켜보면서 성철스님은 상좌스님한테 하시는 말씀이

"지금부터 역사가 바뀔 것이다." 말씀하시고 그 이후부터 정치인들은 일절 안 만나기 시작하셨다.

성철스님에 대한 이야기를 들려준 노보살의 일화가 끝나자, 다시 기도 시작하는 신호와 함께 열심히 기도에 몰두하곤 했다. 여기에서 알 수 있듯이 성철스님의 철저한 면모를 볼 수 있는 대목이다.

엄청난 역사의 회오리 속에서 종교가 정치와 분리적인 입장을 잘

고수했던 사건중의 하나다. 왜 정치인은 바뀌는데, 종교는 권력이 바뀌는 사람마다 붙어서 비유를 맞추어야 하는지 생각해봐야 한다. 종교마다 세속적으로 권력을 승계하고 권력에 기대어 순응함으로 변해감을 볼 때마다 종교가 왜 필요한지에 대해 의문을 가지게 한다. 종교는 어디까지나 자신을 성찰하게 하는 기회를 제공하고, 우리가 기댈 수 있는 의지처가 되어야 한다. 그 자체가 하나의 집단 이익을 고수하는 단체가 아닌 것이다. 그러나 종교라는 울타리를 쳐서 그 안에서 이권을 챙기는 모습을 여론을 통해 간혹 접하곤 한다. 그러한 다툼에서 희생양으로 인해 커다란 권력을 행사한다 하여도 보이는 모습은 권력 다툼일 뿐이다. 이러한 모습은 어느 종교를 막론하고 상대에게 피해가 가지 않도록 해야 하며 스스로 정화와 자재의 노력이 있어야 한다.

또한 종교라는 본래의 위치를 점검하는 계기가 되어야 하고 그에 따른 본분은 지켜져야 할 것이다.

보이지 않는 질서, 그 안의 움직임

　절에서는 밥 먹는 시간을 공양시간이라 한다. 아침. 점심. 저녁의 공양시간이 끝날 때 마다 쏟아져 나오는 그놈의 밥그릇이 얼마나 많은지… 그 속에서도 질서정연하게 각 부문별로 담당이 정해져서 누구는 밥하는 담당, 어떤 이는 설거지 하는 담당, 반찬 만드는 담당 등등 계획된 나름의 체계로 진행된다. 절간. 그 안에도 재밌는 수행의 공동생활이 전개된다.

　세상에서 제일 맛없는 밥을 꼽자면 백련암 밥이다. 백련암 밥이 맛은 없지만, 다들 기도 중에 먹는 밥이고, 그래도 배가 고프니 꿀맛이다. 백련암의 절 음식은 소금에 간한 묵은 김치라든지. 시래기를 넣어 만든 된장국이라든지 어느 것 하나라도 버림 없이 먹을거리로 활용하고 있었다. 정말 간은 별로 한 것 같지 않지만 특유의 시원한 맛이 난다.

　일반 사람들이 먹는 음식은 맛있는 양념으로 입맛을 자극하고 침

샘을 돋게 하는 반면 절 음식은 으레 그렇듯 간이 덜 맞은 듯해도 양념은 최소화 하면서 고유의 재료 맛을 내는 쪽인데, 생각해 보면 요즘 웰빙 음식에 아주 적합하다.

유년 시절 나는 절을 하고 쉬는 시간에 절 안의 구석구석. 이쪽저쪽을 살펴보던 도중에 큰스님 시봉 드는 시자스님이 음식을 준비하는 석실을 구경한 적이 많았다. 석실은 과일과 음식재료를 보관하는 곳으로 주로 여기에서 성철스님의 밥상이 준비되어 올라간다. 어린 꼬마였던 나는 스님이 먹을거리를 준비하여 올리는 과정과 정성스레 차려서 올린 밥상을 여러 번 본적이 있다.

성철스님 쪽에는 청렴한 밥상이 올라갔다. 살펴보니 솔잎이 몇 개. 당근도 몇 조각. 밤이 2-3개 등 굉장히 소식으로 올려졌다. 원래 소식은 건강에 득이 된다. 성철스님께서는 몸을 유지할 수 있는 기름기만 넣을 뿐이므로 그 이상 과식을 하지 않으셨다. 옛날에는 솔잎이 천연항생제였다. 그것도 깨끗한 솔잎을 시봉을 드는 스님께서 온 정성을 들여서 솔잎을 아주 씻고, 씻고 또 씻어서 올린다. 아주 깔끔하게 말이다.

소임을 맡은 스님들도 최선을 다 하려고 노력한다. 왜냐하면 자기가 하는 음식을 모든 스님이나 모든 사람들이 드시고, 건강하고 좀 더 많은 수행으로 빨리 공부를 이루서서 나한테도 같이 가르침을 달라는 뜻에서이다. 스님들은 돌아가면서 소임을 살 때 그런 의미로 최선을 다한다. 수행 이상 최선을 다하는 소임을 산다.

절간 안에서도 수많은 낯선 사람들이 살기 때문에 낯선 사람들끼리 비유를 맞춰 가면서 살고 있다. 그 안에서 큰 사건도 간혹 일어나지만 조화롭게 규칙을 정하고 산다. 기침소리도 안 나게끔 숨죽이면서 조용하게 말이다. 그러고 보면 사람은 너무 많은데 하나도 없듯이 그만한 질서를 지키고 조용하게 계율을 지키면서 사는 모습은 일반 사람들도 본받을 만하다.

지금도 그렇게 생활하지만, 몇몇 스님들이 정치와 결탁할 뿐이지. 불교는 진짜 공부하는 사람은 아예 정치니 뭐니 상관안하는, 숨어있는 사람이 너무나 많다. 승가나 재가나 바깥생활에 대해서는 그냥 말을 하지 않고 쳐다볼 뿐이지만 그 잠재된 힘도 무시할 수 없다.

보이지 않는 질서 속에서도 자기 시간과 자기 생활, 나아가 자기의 생을 소중하게 생각해야 한다.

거지가
동정하다

　　오래전의 백련암은 물이 귀했다. 절을 하고 나면 땀이 물이 되어 온몸으로 흐르고 있다. 땀범벅이 된 몸은 초간단 샤워법으로 해결하자면 물 한 두 바가지 정도면 헹구어 낼 수 있는데, 물은 넉넉지 않지만 서로 양보하는 마음덕택에 부족함 없이 사용되고 있다.

　　20대의 엄마는 절을 다 마치고 버스 시간을 놓치지 않기 위해서 어쩔 수 없는 선택에 의해 땀이 젖은 채 절에서 내려온 차림새 그대로 내려갔다. 선선한 바람과 몇 여분의 시간에 의해 땀이 서서히 식으면서 온 몸에는 땀에 의한 불순한 암모니아 냄새가 퍼지기 시작했다. 빠른 걸음으로 갈 길을 재촉했지만, 이미 해인사 – 마산 간의 버스는 놓쳐버리고 엄마는 대구로 가서 마산행 버스를 타야만 했다.

　　버스표를 사고 20여분 기다리는 시간동안 의자에 잠깐 쉬려고 할 때, 다리가 불편한 구걸하는 젊은 여자가 몸을 지팡이에 의지한 채 동냥을 하고 있었다. 엄마는 얼른 몸빼바지 호주머니를 뒤져서 가지고 있는 돈 전부를 손위에 올려 놓고 보았다. 계산을 해 보니 버스에서 내려 마산에서 집까지 갈 시내 버스비를 제외하니 5000원이 남았다. 5천원짜리 한 장을 엄마한테 가까이 다가 선 장애를 가진 거지한테 손에 쥐어주고 곧바로 잠시 눈을 감고 의자에 몸을 의지하며 편하게 쉬시다가 시외버스가 떠날 시간이 됐다고 생각하면서 눈을 떴다. 그런데, 눈앞에 동냥하는 여자거지가 지팡이에 몸을 의지한 채 20여분을 엄마 앞에서 엄마가 눈을 뜰 때까지 기다리고 있었다. 눈을 뜬 엄마한테

"혹시 차비는 있으세요?" 라고 물어보았다.

상대방의 눈에는 아무래도 차비도 없는 분이 있는 돈을 몽땅 자기한테 주어버리고 삶을 체념한 사람처럼 그렇게 비춰졌나 보다. 거지는 그게 걱정이 되었던 모양이었다. 그래서 엄마가 일어날 때까지 빤히 쳐다보면서 기다렸다는 것이었다.

엄마는 빙그레 웃으면서 차표와 시내 버스비를 보여주면서

"이렇게 있어요." 하니까, 그 후에 그 여자 분은 편안한 웃음을 지으면서 잘 가시라고 인사하며 다른 자리로 옮겨 갔다.

시야에서 사라진 모습을 보고 엄마는 자신의 행색을 살펴보았다. 보니까 정말 거지 여자보다 옷은 남루하고, 몸에는 시궁창 같은 암모니아 같은 냄새가 나고 있었다.

쉴 수가 있는
공간이라면…

지금도 명절연휴기간에는 마찬가지로 이동인구가 많다. 1980년의 추석연휴의 무궁화 기차는 콩나물시루 같은 지옥철이었다. 좌석은 물론이고 입석도 만원이라서 억지로라도 탈 수만 있다 해도 다행이었다.

열차를 타고 안으로 들어오는 순간 서로 밀치면서 빽빽하게 모여든 사람 사이에서 엄마는 답답함이 느껴졌다. 두 눈으로 주위를 둘러보았는데, 기차 안 어느 한곳에는 좌석이 통째로 비어있고, 그 근처에는 사람들이 가까이 가지 않고 조금 떨어져 있으려고 애를 쓰고 있었다.

엄마가 통째로 비워진 곳에 가까이 가서 보니 그 이유를 알 수 있었다. 취객이 좌석과 근처 바닥에 구토를 하고 떠난 자리였다. 조금 떨어진 곳에서도 역겨운 냄새의 진동이 느껴졌을 정도였다.

엄마는 대강 상황을 판단하고 아무도 가지 않고 비껴서는 그 자리에 근처에 검은 비닐봉지와 신문 몇 개를 주웠다. 그곳에 가서 좌석위에 검은 비닐을 평면으로 찢어서 조각 이음새처럼 깔았다. 그리고 그 위에 신문지 두 장을 다시 깔고 난 뒤에 그 위에서 다리를 오므리면서 편한 자세로 기대고 누우셨다. 너무나 지치고 피곤한 나머지 냄새도 상관되지 않을 정도로 극도로 피곤한 상태였다. 어느 취객 덕분에 피곤을 풀면서 도착지까지 잘 갔다고 하셨다.

요즘 엄마의 옷차림도 예나 지금이나 거의 변함이 없다. 밑에 작업실에서는 빨간 색 잠바가 구멍이 나서 못 입게 되었는데, 빨간색 양말로 구멍을 기워 입고 다니신다. 또한 새 옷이 생기면 그것을 먼저 입지 않으시고, 다른 사람한테 거의 주는 편이다. 엄마가 추구하는 생활관은 남한테 보여주기 위한 삶보다 자신이 스스로 검소한 생활을 지향한다고 볼 수 있다.

오후불식에
대해서

절에서 사시공양이라고 하면 오전 9시-11시 사이에 점심을 먹는 것을 말한다. 하루에 일종식 하는 사람들은 아침도 안 먹고 저녁도 거르지만, 하루 중에서 점심만 먹기 때문에 사시공양을 대단히 중요하게 생각한다. '점심(點心)'은 선어로 이야기 하면 '먹는 것을 즉, 마음을 정한다. 점 찍는다' 라는 것이다. 내가 마음을 정해서 무엇을 할 것이다. 라는 계획표를 세워 실천하는 행위로 보면 된다.

'마음을 점찍는다' 는 것을 쉽게 비유하자면 인체를 차에 비유하면 된다. 차에 시동을 걸고 앞으로 나아갈 수 있도록 차에 기름을 넣는 것과 마찬가지 이치이다. 차를 '인체' 라고 한다면 기름은 당연히 '식품' 이다.

정시에 밥을 먹어주는 것. 인체를 극대화 활성화시키기 위해서 밥을 먹어 주는 것을 중요하게 생각한다.

'오후불식'이라는 것은 물론 일종식 하는 사람들은 오전에도 안먹고, 오후에도 안먹는다' 라는 뜻과 '점심을 먹고 (내가 마음을 정하고) 난 뒤에 먹지 않는다' 라는 뜻이다. 이를 선어로 해석하면 '깨치고 난 뒤에 아무 생각을 하지 않는다' 라는 뜻으로 일단 '마음을 정하고 난 뒤에 아무 망상을 하지 않는다' 라는 것과 같은 의미이다. 그와 동시에 쌍차쌍조로 '오후불식'은 동시에 '오후에는 입에 절대 먹는 것을 대지 않는다.' 라고 하여 수행하는 스님들도 있다. 그래서 절에는 사시공양을 중요하게 생각한다.

  사시공양 때는 발우공양을 다 마치고, 발우수건을 덮고, 선반에 올리며 해산하기 전에는 여러 가지 이야기가 나온다. 그때 사시공양이후에 법문도 하는데, 법문의 종류는 활구법문과 사구법문이 있다. 주로 사구법문이 많이 나오는데, '사구' 라는 것은 이야기조의 법문을 말한다. '활구' 라는 것은 선어로 법문을 하는 것인데, 아주 어렵게 해서 참구. 즉 공부하는 사람에게 참고가 되도록 하는 것이다. 일반 사람들에게 대중법문을 할 때 사구 법문은 이해하기 쉽기 때문에 이야기처럼 전달하는 방식이기 때문에 많이 활용하곤 한다.

혜암스님 이야기-
능엄주 공덕편

잠시 엄마가 원당암 선방 생활을 했을 당시 혜암스님께서 스님 자신과 연관된 '능엄주'에 대해 이야기를 해 주셨다. '능엄주'에 대해 잠깐 논하자면 유명한 아난존자와 석가모니 부처님의 일화에서 찾을 수 있다.

아난존자가 너무 멋지고 잘생겨서 요즘말로 하면 그 당시의 초절정 꽃미남같이 잘생긴 스님 이라고 생각하면 된다. 마등가의 빼어난 여인이 아난존자한테 반해서 찾아갔다. 외도하는 사람에게 주문을 걸어 아난존자를 현혹해서 아난존자의 계행을 깨뜨리려는 찰나에 석가모니 부처님은 국왕의 초청을 받았는데, 십대 제자 중에 아난존자가 보이지 않자 즉시 정사에 돌아와서 공중으로 향하여 대불정여래능엄신주를 하게 되었다.

쉽게 말하면 '능엄주' 였다. 능엄주력의 힘으로 아난존자와 마등가의 여인. 두 사람이 파계직전의 모습으로 석가모니 부처님 눈 앞에 떨어졌다.

그때부터 '사랑하는 마음이 어디에 있느냐?' '몸에 있다.' '몸은 뼈와 근육과 피, 바이러스에 감염되면 고름도 생긴다.' 현대의 생물학적으로 해석하면 이런 식으로 문답이 나간 것이다. 문답 형식으로 논한 것이 그 유명한 '능엄경' 이다.

아난존자와 마등가의 여자를 불러들이기 위해 공중으로 향하여 주문한 것이 '대불정여래능엄신주' 이다.

혜암 스님이 지리산 자락에 토굴 생활을 할 때 6.25 전쟁이 일어났다. 그때 북한 인민군들이 지리산까지 내려왔다. 북한 인민군들은 전부 인근에 있는 그 동네 마을 주민들을 줄을 세워서 잡아가는 것을 목격했다.

스님 본인만 남겨둔 채 전부 산 너머로 데리고 가길래 혜암 스님은 "왜 나 혼자 빼고 다른 사람은 다 데리고 갑니까? 나도 데리고 가요."라고 인민군의 다리를 잡고 매달리면서 이야기 했더니 총을 가지고 있던 인민군 한 명이 총대로 혜암 스님의 머리를 한차례 내리쳐서 혜암 스님은 잠시 정신을 잃고 머리에 피를 흘린 채 쓰러졌다. 가까스로 정신을 차리고 일어날 때쯤 되어서 어딘가 모르게 저 산 너머 총소리가 꽝! 꽝! 들렸다. 겨우 기력을 찾아 일어나서 그 쪽을 향해서 넘어지고 엎어지고를 반복하여 산 너머 총소리 나는 곳에 도착하고 보니 데리고 갔던 모든 마을 사람들이 다 총살을 당했다. 그때 혜암 스

님만 혼자 살아남으셔서 생각하기를

"아! 내가 능엄주 읽은 공덕에 의해서 내가 살아났구나."

원래 성철스님께서 6.25 전쟁이 나기 전 부산 사람들 보고 '능엄주'를 하라고 하셨다. 능엄주를 많이 한 사람들은 6.25때 한 명도 다치지 않았다고 했다. 능엄주는 비밀주라서 해석이 불가능하다. 주로 참선하거나 수행하는 사람들은 현재 다가오는 업력 때문에 도저히 수행을 못하고, 중간에 포기하는 사람들이 많아서 능엄주를 외우게 했고, 108참회를 하게 만드셨다.

6.25 전쟁 때 부산사람들한테 능엄주를 읽게 함으로써 환란을 막았다는 설도 있다.

능엄주의 유래는 앞에도 언급했지만 석가모니 부처님 시대 때 대불정능엄신주와 능엄경이 만들어졌고 그 이후에 쭉 내려오다가 들리는 말에 의하면 중국에서 대규모의 총림이 있었다.

수십만 명의 대중이 움집 해 살았는데, 날마다 환란이 일어났다. 사람이 죽거나 불이 나거나, 사고가 연속적으로 끝없이 일어나서 대중스님들이 차츰 떠나기 시작했다.

대중이 십만여 명의 승려들이 남았을 때 회의를 해서

"어떻게 하면 우리가 그대로 수행을 잘 할 수 있으며 안전하게 절을 보존할 수 있을까?"

"그러지 말고 불보살님의 가피를 얻자."

모든 승려들이 동의한 후에 목욕재계를 하며 한사람씩 돌아가면서 천일기도를 시작했다.

　기도를 시작한지 999일째 되는 날 관음보살이 나타나서

　"너희들 하루에 한편 능엄주를 외워라."고 하고서 사라졌다.

　그때부터 능엄주를 외워서 읽자 삼도팔난이 없어졌다. 도둑도 없어지고, 불도 나는 것도 없어지고 안정이 되어서 수행했다는 설도 있다.

　그걸로 인해서 성철스님이 봉암사 결사 때 능엄주를 읽고 108참회를 했었다고 한다. 옛날 도인들이 쓴 축지법에도 능엄주가 사용된 것 같다.

　나 역시 예전에 '히말라야 트레킹'을 갔을 때 고산증세가 있었지만 능엄주를 외우면서 갔더니 정신적인 집중력이 생기며 수월하게 올라간 적도 있다. 성철스님도 생전에 날마다 공중으로 향하여 능엄주를 계속하셨다. 나와 엄마는 성철스님을 뵌 이후로 능엄주를 한 번도 빠지지 않고 계속하고 있다. 혼자 있을 때나 지하철타고 이동할 때에도 능엄주를 한다. 약간의 두려움을 느낄 때에도 능엄주를 하면 두려움이 없어진다. 왜냐하면 집중력이 생기기 때문이다. 약간의 산만함이 있으면 잊어버리기 때문에 처음부터 다시 능엄주를 해야 한다. 그리고 보면 능엄주는 항상 나의 의지가 내 스스로 관찰이 되며, 내 의지력이 크게 느껴진다.

혜암 스님의 이야기 –
봉암사 결사

원당암에서 점심공양을 마친 후 발우를 선반에 올리기 전에 혜암 스님은 봉암사 선방에서 수행을 하게 된 동기에 대해 말씀을 가끔 하셨다고 한다. 혜암 스님은 젊은 시절에 '일본유학파' 였다. 그래서 그런지 반듯하고 깔끔하고 빈틈없이 사시는 것이 몸에 배여 있었다.

수좌시절에 해인사 선방 선승을 위해서 감자농사를 지어서 감자를 선방스님께 공양 올리고 그 스님의 위치에서 남을 위해 할 수 있는 유루복도 많이 짓기도 하셨다.

혜암 스님이 수행에 큰 뜻을 두고 참선을 하는데, 유독 눈에 띄는 한 스님이 계셨다고 한다. 그분이 성철스님 이셨고 그 분 옆에 있으면 같이 성불할 것 같아서 그분만 따라 갔다고 하셨다. 당시 경북 문경 봉암사 선방 결사는 밤낮주야 상관없이 죽음을 각오한 '결사정진' 이었다. 생명을 담보로 하고 수행에 몰두하겠다고 이미 구성된 몇 분의 스님들이 있었다. 그중에서는 청담스님, 향곡스님 등 근세에 타계하신 유명한 스님들이 문경 봉암사에서 수행한 것으로 알고 있다.

혜암 스님은 처음에는 이 구성된 맴버가 아니었으나 혜암 스님도 따라가겠다고 했더니 방해된다고 거부당했다. 그래도 가겠다고 배낭지고 따라가니까 성철스님이 "오지마!"하고 돌까지 던지셨다. 그때 혜암 스님이 지혜를 내서

"그러면 공양주 하겠습니다."라고 해서 겨우 허락을 얻어 지냈다.

어느 날 힘든 수행을 잘 견디시라고 반찬도 맛있게 보이고 식욕도 돋게 하려고 울긋불긋하게 올렸더니 선방스님들께서는 "이것은 어떤 음식입니까?"라고 물으셨다. 원래 소박한 식재료에 멋을 내었더니 국적불명의 음식이 되었지만 엉겁결에 "일본식"이라고 대답했더니 아무 말씀 없이 공양하시곤 했었다.

지금의 시점에서 당시의 모습을 상상한다면 아마 창의성이 돋보인 퓨전음식이었던 것 같다.

위악에 대해 1

경북 문경 봉암사 결사 때 굉장히 유명한 일화가 있다. 어느 스님이 아팠다. 기력을 못 차릴 정도로 아팠었는데, 몸 때문에 휴식이 필요한 스님은 이 핑계, 저 핑계에 의해 아프다며 공부를 안 하고 드러눕고 있었다. 그러고 있을 때 마침 그 장면을 목격한 성철스님께서 아픈 스님을 막 끄집어 내려서 우물가로 가셨다. 당시 추운 겨울이라 우물가는 얼음으로 뒤덮여 있었다. 성철스님은 아픈 스님을 얼음덩어리에 머리를 부딪치게 하며

"정신차리라."고 하셨다.

그래도 아프다고 드러누운 스님을 보고 성철스님은

"그러면 우리 모두 공부 다 뜯어치우고 옆에 드러눕자!"

그 말이 떨어지자마자 모두들 그 스님 옆에 총총총. 드러누워서 그 스님은 도저히 마음이 불안하고 불편해서 더 이상 누울 수가 없었다.

아픈 것 보다 더 힘든 일은 같이 수행하던 선방 스님들이 모두 들어와서 옆에 드러누워 있으니 몸이 아픈 것 보다 마음이 더 힘들어서 할 수 없이 앉아서 '죽더라도 앉아서 죽자' 싶어서 공부를 하기 시작했다.

그래서 봉암사 결제 때에는 밤낮주야로 24시간 앉아서 성불할 때까지 그대로 죽자로 유명하다. 봉암사 출신 유명한 스님들은 조계종 각처에 큰 스님이 되어서 모든 큰 불사를 했다는 그런 설도 있다.

그때 청담스님, 향곡스님, 자운스님 등등. 봉암사 용맹정진 결사 스님 출신이다. 월산스님 문중을 살펴보면 월산스님께서는 잘생긴 용모에 넉넉한 인품이 좋았다. 다만 공부가 끝난 상태는 아니었다. 그렇지만 인간적인 미가 있어서 스님들 중에서 적응을 못하는 스님도 이해를 하고 다 거두어 받아들이는 성품을 가지셨다.

성철스님 문중에는 털끝하나, 약간 법률이나 계율이나 행동을 어기면 그건 말이 안되는 소리이다. 그것으로써 끝나버린다.

자기 자신한테
이기는 것

"절이나 교회를 가야만 마음이 안정이 된다."라며 종교인들은 소속된 교회나 절이나 혹은 성당인 종교집단을 고수한다는 것 자체는 그 방식부터가 이상하다.

신앙심은 장소와는 아무 상관이 없는데, 한 장소에 가면 되고, 다른 장소에 가면 안된다는 것은 불교에서는 수행으로써 자기 스스로를 믿지 못하는 것을 말함이다. 또한 의지가 확고하지 못하다는 것은 자기가 자기 자신의 의지를 제어하지 못하는 것이다. 만약 절이나 교회나 어느 특정한 장소에만 부처님과 하나님이 계신다면 평등하지 못하다. 신앙의 대상은 믿고 의지하고 싶은 각자의 마음속에 있기 때문이다. 마음이라는 것을 일반적인 사람은 오로지 객관적으로 받아들이지 않는다. 그것은 인간의 오감에 의해 판단을 하고 자신을 확신한 다음에 신앙을 대상으로 할 수 있다. 오감의 작용은 우리가 이야기하고 있으면서 마음속으로는 딴생각 할 수 있다. 뿐만 아니라 눈은 눈대로 신문을 보고, 귀는 귀대로 듣고, 오감이 내 마음대로 작동하려면 최대한 작동할 수 있는 열린 공간이 될 수 있다. 이것은 각 분야의 세포들이 엄청 활발하게 움직이는 것이다. 여기에서 정신이 한곳에 쏠린다던지 내 본체라는 '나'라는 의지가 없어졌을 때 이 세포들이 나를 대신해서 작용해서 정신병자처럼 제멋대로 착각현상을 일으킨다. 세포들이 명령을 하고, 제어를 한다. 예를 들어서 긴장하고 있을 때에는 긴장감 때문에 통증을 느끼지 못했는데, 정신적인 무장 즉 긴장감을 이완되고 나면 온 몸의 근육이 사방으로 여기저기가 쑤신다. 그것은 우리 몸의 세포들이 긴장된 순간에 힘들었다는 결론을 말하는 것이다.

그래서 백만군의 적을 이기기보다 내 자신을 먼저 이기는 것이 중요하다. 우리 이 몸의 세포수와 여러 가지 눈에 보이지 않은 바이러스 균들은 백만군 보다 훨씬 엄청나게 많다. 이것은 감각작용으로 신경 전선처럼 나타나기 때문에 제어해야 된다.

생노병사(生老病死) 중에서 한번 태어나면 없어진다는 원리는 자본주의든 공산주의든 상관없이 이 세상에서 제일 평등한 원리이다. 한번 태어나면 죽는 것이다. 그 사이에 잘 살았든, 못 살았든 간에 그것은 자기의 복이고, 업이다. 그 과정에서 내가 나 자신을 잘 제어할 수 있는 것이 수행이다. 내가 내 자신의 몸을 가지고 어떻게 반듯하게 살고, 어떻게 내가 원하는 바를 이룰 수 있을까? 그 답은 남을 괴롭히지 않고 팔정도(八正道)라는 계율이라는 울타리 안에서 그것을 지키게 되면 본인 스스로 마음이 편안해지게 되어 있다.

팔정도를 지키는 것은 수행이라는 그 두꺼운 문을 나 스스로 열고 수행에 입문하는 것과 마찬가지이다. 그것 자체가 입문이다. 일단 양심에 허락하지 않는 것은 내 본마음을 유지하기 위함이다. 팔정도에 의하면 망상을 지워버리고 계율을 지킬 수 있는 확률이 많기 때문이다. 질서인 계율을 지키게 되면, 마음이 안정이 되어 편안한 상태가 된다. 편안한 상태는 참선을 위한 지름길이 된다. 그 편안한 상태에서 수행을 하게 되면 지혜가 생기고, 지혜라는 것은 명쾌한 판단력이다. 지혜가 생긴 후에는 자유를 알게 된다. 지혜로 인해서 생긴 자유는 해탈지견향이라고 한다. 세속적인 입장에서는 사회에서도 법이라든지, 질서를 지키는데, 질서가 좀 더 확대되고, 확고한 위치를 가지는 것이 헌법이다. 법을 지키는 자체가 한나라의 존립성이다. 각자 생업을 유지하면서 각자 자유와 행복을 누릴 수 있는 권한을 가지며 타인에게 피해를 주지 않으면서 조용하게 살아가는 것이 기본권 확보이다. 사회에서는 헌법이라고 한다면 불교에서 질서는 계율이다. 계율을 지키는 것이 수행에 가깝게 더 가깝게 다가서기 위함이다.

세속적인 사회생활

독자의 입장에 서서 나는 엄마에게 여쭤보았다.

"엄마는 성철스님과 능숙하게 선문답을 할 정도인데, 이때까지 양심에 위배된 적이 한 번도 없었나요?"

"사람이 나 혼자 있을 때는 일이 없어지는데, 사회생활을 하게 되면 위선도 필요하고 위악도 필요하다. 나 혼자 있을 때는 생각을 안 한다. 다른 사람보다는 망상을 안 하지. 왜냐하면 망상이라는 것 자체가 피곤하다는 것을 알기 때문이야. 사회생활을 하게 되면 이 사람도 있고, 저 사람도 있다. 어떤 사람 앞에서는 위선을 부릴 때가 있어야 되고, 또 어떤 사람 앞에서는 위악을 부릴 때가 있어야 한다. 위선과 위악 중에서 성철스님께서는 위악을 철저하게 잘 활용한 사람 중에 한사람이다. 처음에는 그랬는데, 나중에는 그것도 피곤해지더라. 왜 피곤하냐? 내가 누구를 위해서 연출을 해야 되나? 하는 생각이 들더라.

제일 좋은 방법은 상대방 수준 따라 살자. 푼수면 푼수답게 살고, 사장이면 사장위치에서 이야기 하고, 거짓말하면 같이 거짓말 해주고, 어울려서 동심동체가 되어 그렇게 사는 거지 뭐." 이 대화가 끝나고 난 다음에 동시에 깔깔깔깔 웃었다.

그렇다. 우리 엄마와 나는 확실히 푼수기질이 있다. 양반보다는 상놈이 좋고, 정장보다는 아무 옷이나 입고, 맨 얼굴로 돌아다니고… 그런데, 그런 방식으로 사는 것이 편하다. 이런 대화가 끝난 후에 생각나는 분이 계셨다.

그분은 바로 관세음보살님이신데, 관세음보살님은 한사람의 인연 있는 중생들을 제도하기 위해 접근하는 방법은 세간과 출세간을 마음대로 드나들면서 구제하곤 한다.

예컨대 어느 도둑이 있었다. 이 도둑이 전생에 선행도 하고 불가에 인연이 많았는데, 이생에는 이 사람이 도둑이 되어있었다. 이 사람을 구제하려고 나타났더니 도둑이 된 사람을 구제하기 위한 제일 좋은 방법은 도둑이 되어야 했다. 그 사람과 가까이 가기 위해서였다.

관세음보살님은 도둑의 친구가 되었다. 이 도둑을 가만히 살펴보니 큰 도둑이 아니고 좀도둑이었다. 그래서 좀도둑이라도 도둑이 시키는 대로 같이 "온다" "안온다"하면서 망봐주고 도둑질을 했다. 이것도 한 끼 먹을 것 밖에 좀도둑질을 못하니까 맨날 도둑질을 해야 했다. 계속 도둑질을 하게 생겼다.

그래서 관세음보살님은

"그러지 말고 우리가 조금 더 큰 도둑질을 하자! 하루에 맨날 하는 도둑질 하지 말고, 한달에 한번 씩만 하는 도둑질을 하자."라고 도둑에게 말했더니 도둑도 생각해보니 근사해서

"그러자!" 하고 결정했다.

이제 더 큰 도둑질을 하게 됐다. 이제는 한 달에 한번. 도둑질을 하니까 한 달은 먹고 살만 하게 되었다. 1년에 12번을 도둑질을 하려니까 기가 막힌 관세음 보살님은

"우리 한 달에 한번 하지 말고 1년에 한 번 더 큰 도둑질을 하자!"는 말에 도둑은 수긍하며 1년에 1번 하는 것으로 바뀌었다. 그렇게 한 도둑질로 인간세상도 구경하면서 보내니 시간이 금새 1년이 흘렀다. 이에 관세음보살님은 1년에 한번 도둑질하는 것도 그렇고 도둑질을 안 하는 방법이 없을까 해서

"우리 그러지 말고 은행 금고를 털자."는 말에 둘이서 은행 금고를

바람과 비, 그리고 맑음 · 167

털었다.

관세음보살님이 도둑보고

"이제부터는 도둑질을 하면 간이 덜렁덜렁하고, 잡히면 감옥도 가야되고, 또 무서운 사람 만나면 생명도 잃어야 되는데, 이런 생활하는 것 보다는 차라리 이 돈을 밑천을 삼아서 사업을 하자!"

그래서 사업을 하기 시작했다. 사업을 하니 돈도 벌어지고, 돈이 벌어지니까 사치스러운 생활이 이어졌다. 돈이 많으니 아무 거리낌 없이 스스로 높은 사람이 되어서 자꾸 아상만 높아지기 시작했다. 그때 관세음보살님이

"친구야. 이러지 말고 돈을 벌어봤으니까 옛날 우리 어려울 때를 생각해서 불쌍한 사람 한번 도와줘보자!" 그래서 한사람씩 도와주다보니 도둑은 기분이 좋아졌다.

한사람을 도와주다가 두 사람을 도와주니 기분이 좋아져서, 세 사람… 많은 사람들을 도와주기 시작했다. 기업을 운영하다 보니 돈이 벌어지고, 그 돈을 가지고 또 도와주는 복지사업까지 시작했다.

사람을 도와주고 나니까 뭔가 알 수 없이 마음이 맑고 밝아짐으로써 그 밝음이 가득 차는 것처럼 느껴졌다. 옛날에 불안했던 그 심정과는 정반대로 되어있었다.

항상 활기가 넘치고 하던 때에

"아 내가 원하는 행복이 이런 거였구나. 마음이 이렇게 가벼울 수가 없다."며 관세음보살님께 말했다. 그러자 관세음보살님은

"친구야, 그것보다 더 좋은 것이 있다."

"뭔데?"

"수행하는 것을 한번 해보자. 옛날 사람들은 왜 미쳤다고 수행 했을까? 그거 바보인지 아닌지 알아보자."

도둑은 수행법을 알아서 수행을 하기 시작했다.

이것은 나누어주는 것보다 한수 위여서 더 좋은 것이었다. 그래서

"도대체 부처란 것이 어떤 건데, 나도 한번 해보자. 도전해보자. 부처도 사람인데 자기는 되고 나는 안되는 게 어딨냐? 똑같은 사람 같으면 당연히 되어야지. 사람으로 태어나서 대통령도 되고 하는 사람도 있는데, 부처도 사람이고 나도 사람인데."

"내가 원하는 길이 대통령이라고 한다면 대통령이 '도'이고, 수행을 원하면 수행을 하는 길이 있는데, 최고가 부처님이다."

이렇게 수행을 해서 부처의 길을 걷게 되니까 자기가 이때까지 탐했던 돈도 명예도, 무엇도 여기에 비할 바가 아니었다. 그래서 도둑이었던 사람은 너희끼리 잘 살아라 하며 던져주고 수행에 들어갔다.

이렇게 관세음보살님이 한 사람을 안내할 때에는 그 사람의 근기에 맞게, 상대방의 마음과 수준에 맞추어서 처음부터 시작을 한다. 그렇게 되면 이는 처음에는 위악이었다가 나중에는 본질로 돌아와서 들어갈 수가 있다.

이것은 조그마한 어린아이한테 엄마가 세상을 가르쳐줄 때에도 같은 이치로 다가서야 한다. 처음부터 아이한테 "세상은 이런 거란다."라며 가르쳐줘도 그 아이는 모른다. 아이는

'엄마는 이상한 사람이야. 난 엄마하고 장난감하고 놀고 인형놀이

하고 그렇게 놀고 싶은데 .난 엄마 말보다 깡충깡충 뛰는 강아지가 더 좋은데,' 라는 생각을 할 것이다.

아이의 수준에서 맞춰서 놀아야지 조그마한 아이한테 대학에서 학생들을 가르칠 때처럼 강의를 하고, 중학교 책을 준다하여도 아이에게는 공부보다는 도망이 빠를 것이다.

아이의 성장환경과 지능지수에 따라 차츰차츰 큰 길로 들어갈 수 있게 해야 한다.

불교에서 각 보살님들의 성품 중 관세음보살과 문수보살은 서로 상반된 관점을 가지고 있다. 비유하자면 관세음보살님은 중생들을 제도하기 위해 계율을 파계를 잘하는 반면에 문수보살은 하나부터 열까지 반듯해야 하는 성품으로, 칼 같은 면을 가지고 있다고 해야 할까? 요즘말로 까칠한 면을 가지고 있지만(좀 꼬장꼬장하지만) 계율에 있어서는 철저하신 분이다. 불쌍한 사람을 잘 제도하는 지장보살도 있고, 보현보살은 예를 갖추어서 아주 공손하게 지덕을 갖춘 사람이다. 부처님이 대통령이라면 여러 보살들은 장관급이다. 장관급들의 보살들이 아무 옷이나 허름하게 입고 암행을 잘 나온다. 그와 인연 있는 사람들은 밝게 제도를 하기 위함이다.

관세음보살 보문품은 법화경의 핵심이다. 우리가 기도할 때, '관세음보살' 을 부르는 경우가 있는데, 그것은 관세음보살을 일념으로 부르면 이심전심(以心傳心) 식으로 마음이 전해져서 대상적인 원력이 상대적으로 돌아오는 것이다. 그에 대한 의미로 관세음보살을 한자로 풀이해 보면 처음 등장하는 음절의 '관' 자가 볼 '관(觀)' 자를 뜻하는 것이다.

'관세음'이라는 것은 '세상의 모든 음을 본다'라고 해석할 수 있다. 그런데, 우리 자신이 모두가 관세음보살이 될 수 있다는 사실을 모른다. 왜냐하면 우리는 보고, 듣고 느끼고 하는 것을 우리 자체에 다 구비되어 있다. 그렇기에 그것을 주위에 있는 사람들에게 나눠 줄 수 있기 때문이다.

이는 인간만이 할 수 있는 특권이기 때문에 우리 모두가 관세음보살이다.

꿈꾸는 동화 II / 60.5×72.5cm / 한지에 수묵담채 / 2010

우리집에서
참선하는 법

참선에 들어가는 법에 대해서는 우선 제일먼저 알아야 할 것이 있다. 우선 내 자신의 망상이 없어야 된다. 망상이란 것은 내가 사랑하는 사람, 미워하는 사람, 좋아하는 사람, 기분 나쁜 일 등등 이것만 가득 머리에 차 있는 것인데, 이런 상태에서는 참선을 하기가 어렵다.

망상이라는 것은 나도 모르게 떠오르는 생각이라는 것인데, 이것은 업력에 따라 스멀스멀하게 올라올 수 있으며, 또 주위환경에 의해 좌지우지 되는 생각이다. 자기 의지에 의해 망상이라는 감정에 빠지는 경우도 있다. 자기감정에 깊이 빠지면, 헤어나지 못하니까 일단은 절을 하면서 업을 소멸하는 것이 좋다.

불가에서는 오신채(불교에서 금하는 다섯가지 채소 : 마늘, 파, 부추, 달래, 흥거)를 먹지 말아야 한다는 것과 남의 고기, 즉 육식을 금하는 데에는 그 이유가 있다.

그것은 생명사랑이라는 존중의 의미도 있지만, 참선할 때에는 반드시 적용의 대상이 된다.

예로부터 오신채를 '익혀서 먹으면 음욕(淫慾)이 생기고, 또 생으로 먹으면 화를 돋운다.'라고 했다. 오신채를 먹으면 혈액순환을 촉진시키고, 정력을 강화시키는데 효과가 있다. 미각에서부터 말초신경을 포함해 신경세포가 되살아난다. 신경세포를 되살리는 데에는 좋은 약효 즉, 효능이 있지만, 반대로 참선하는 사람에게 오신채는 마음을 한군데 모으려고 해도 모을 수가 없게 만든다. 이는 신경이라는 것을 열어놓고 있는 것과 마찬가지 작용을 한다고 보면 된다.

또, 육류나 어류를 먹는 것은 동물의 살을 먹는 것인데, 동물이라는 것은 자기가 먹고 살기 위해서 본능적으로 싸우거나 공격하는 성향을 가지고 있다. 본능의식은 식생활뿐만 아니라, 새끼를 낳는 의미도 포함한다. 가만히 있어도 동물이나 어류를 먹으면 나의 몸에 그런 동물의 본능의식과 공격적인 성향이 무의식적인 잠재로 남게 되어 자신도 모르게 피가 더워지고 활기찬 기운을 느낄 수 있다. 그러면 일반적인 몸에서도 자재할 수 있는 몸의 생리 역할이 조금 힘들다고 할 수 있다. 그래서 오신채와 동물의 몸에서 얻을 수 있는 고기나 어류는 참선에서는 도움이 되지 않는다. 또한 '참선'에서는 과식보다는 소식이 도움이 된다.

그러나 '절 수행'하는 면에 있어서는 체력이 보충되어야 하기 때문에 식사량이 어느 정도 맞아야 한다. 참선 수행에 들어가기 전에는 일부러 100일을 잡아 절 수행을 하는 것이 좋다.

왜냐하면, 나름대로 식사량과 이때까지 해오던 습관을 조절하는 시간이 필요하기 때문이다.

참선에 방해가 되지 않기 위해 미리 준비하는 시간인 것이다. 참선에 들어가기 위해 절을 100일 동안 할 때에는 오신채를 더 멀리 하고, 간혹 먹던 식습관이 있어도, 멀리해야 한다.

우선 우리 집을 예로 들자면 세속생활을 하다보면, 어쩔 수 없는 환경이 형성된다. 가끔 사회생활과 외식을 하다보면 국물에 남아 있는 잔류 성분을 먹을 때도 있다. 그때 스스로 느끼는 것은 나도 모르게 망상이 들어올 수 있다. 이것을 정제하기 위해서 절이 필요하다. 어쨌든 망상을 없애기 위해 참선하기 전에는 필히 채식과 100일 동안 스스로 내 몸을 관리하는 시간이 필요하다. 미리 절 수행을 병행해서 100일 동안 몸 관리를 해서 참선에 들어가는 경우는 바로 참선에 들어가는 경우보다 훨씬 망상이 작아진다.

처음에 참선에 들어갈 때 참선한다고 앉아있는 사람들은 99.9%가 '참선해야지' 하는 다짐하는 언어만 생각하고 몸은 가만히 앉아 있지만, 마음은

'어느 누구가 보고 싶다.'

'누구는 잘 있을까?'

'내가 없는데, 회사일은 잘 돌아 갈까?'

'아. 갑자기 누구가 생각이 났다.'

'내일 뭐 해야 하는데…'

'누가 무슨 말을 한 게 생각이 나네?'

등등 마음은 정말 달나라를 지나 우주 끝까지 왔다 갔다를 몇 번씩이나 반복하는지 모른다. 이 망상이 몰려오는 데에 처음 참선하는 사람들에는 대단한 망상을 막을 길이 없다. 그래도 신경 쓰지 말고 '화두'를 잡아야 한다. 사람들은 '화두'를 잡으라 하면 자기의 업력에 따라 쉽게 되는 사람이 있는 가하면, 안 되는 사람도 있다.

보통 일반적인 사람들한테 처음 참선을 접하는 사람들을 보고 엄마가 잘 하시는 말씀이 있다.

"자~알 노세요."

왜냐하면 처음부터 부담을 주면 더 망상이 생기니까 〔자알 놀다 오시라〕고 이야기 하신다.

거꾸로 "반가부좌나 하고 시간이나 잘 채우고 오십시오."라고 엄마가 처음 참선에 들어가는 사람들한테 늘 하시는 말씀이다. 어차피 앉아도 망상을 하니까, 처음 하는 사람들의 특징은

'참선해야지' '이뭐꼬' 까지는 좋은데, 1~2분 지나면 또 망상을 하는 것이 대부분이다.

두 번째 참선하러 가는 사람한테.

"편하게 노세요. 망상을 버리고 편하게 노세요."

그렇게 하다보면 자꾸 참선하려고 애를 쓰게 되고, 자기 의지력과 싸우게 되는데, 그 시간의 싸움이 결국에는 조금씩 조금씩 나아져서 99%였던 망상이 98%로 줄어줄고, 그러다가 97%, 95%로 줄어줄다가 80%, 70%, 65%, 50%로 줄어든다. 이제는 50%의 망상과 50%의 화두에서 차차 나아지면 어느 날 단전이 환하게 느껴지는 날이 있다. 이것을

두고 도가(道家) 즉 '신선도'에서는 단전이 항아리처럼 밝아 올 때는 '견성'이라고 하지만, 선가(禪家)에서는 여기에서부터 진짜 공부의 시작이다.

　이때부터 배꼽에서 밑으로 5cm 정도가 되는 부분이 단전인데, 단전에 마음을 모으면 된다. 참고로 단전에 마음이 모이지 않으면 상기가 되어 참선을 못하게 된다. 상기가 되면 모든 혈이 머리에 모인다. 그러면 고혈압처럼 얼굴이 빨개지고 머리가 아프기 시작한다.

　눈을 감은 상태에서는 바로 잠이 오는 경우가 많으니까, 눈은 완전히 감지 말고 시선을 코끝으로 향하는 것이 좋다. 양쪽 다리는 반가부좌를 하고, 양 손의 모양은 손바닥을 위로 하고 엄지를 제외한 오른손 네 손가락 위에 왼쪽 네 손가락을 겹친 상태에서 양쪽 엄지손 끝을 올려 서로 모으면 정면에서 보면 자연스러운 삼각형이 된다. 이러한 손의 형태를 배꼽 아래 5cm 단전부분에 갖다 댄다.

결가부좌는 일반 사람들이 행하기엔 너무 힘들다. 부처님 생전에는 결가부좌를 했는데, 이유는 '어떤 사람이 와도 나는 일어나지 않을 것이다.' 라는 의미가 담겨 있으며 그만큼 굳은 결심을 표현하는 것이다. 또한 결가부좌는 푸는 데에 반가부좌 보다 시간이 약간 지체된다.

참선을 잘하는 사람들은 오랫동안 결가부좌를 해도 피의 순환이 돌게 되어있다. 마음으로 몸을 순환하게 만든다. 이것은 참선을 오래 한 사람들한테 해당되는 이야기이다.

일반 사람들은 반가부좌 하는 형태에서 하는 것이 좋다. 반가부좌를 하고 앉아서 아주 편안한 자세를 유지하여 참선을 하면 된다. '참선'은 앉아서 하는 것만 참선이 아니고, 하는 형태에 따라 앉아서 하는 것은 '좌선'이라 하고, 누워서 하는 것은 '와선'이라 한다. 움직이면서, 걸으면서 혹은 절하면서 하는 것은 '행선'에 속한다. 앉아서 하는 좌선은 우리나라 선조들이 양반기질이 있어서 앉아서 조용히 있으면 그것이 최고인줄 알아서 이것이 참선법에 많이 반영됐다.

참선에서 아까 50대 50 화두를 드는 것이 50% 라고 하면 망상이 50% 라는 것인데, 여기에서 60대 40, 한참 잘 될 때에는 90 대 10 까지 된다. 90이 참선이라고 하면 10%만 망상이 되는 경우이다. 그러다 보면 단전 쪽에 '이뭐꼬'가 된다.

단전 쪽에 환하게 밝아오는 상태는 무기공이다. 아무 쓸모도 없는 무기공 이지만, 모든 것은 무기공부터 시작이며, 기본으로 바탕을 두고 여기에서 나와야 된다. 무기공에서 유기공으로 나와야 된다.

'유기공'은 눈앞에 보이는 바로 시방공이다. 시방공은 공기, 눈앞에 보이는 공기, 우주까지 보이는 시방이다. '시방'이라는 것은 눈 전체, 즉 눈 안에 모두 들어오는 시야가 바로 시방이다. 여기에서 별까지 보고, 달까지 보고, 해까지 보는 그 자체가 바로 '시방세계'이다. 시방세계란 펼쳐진 공간의 세계이다. 불교 용어는 하나도 어려운 것이 아니다. 거기에서 모든 것이 시방공으로 나와야 된다. 시방공은 잠자는 시간이 아니라 깨어있는 시간이다. 모든 집중력을 잠자는 내공, 무기공에 넣지 말고, 내공에서 시방공으로 나와야 한다. 그러니까 머리의 망상을 전부 비워두고 시방공으로 들어가게 만들어야 된다. 내 몸이 앉아 있어도 내 몸을 공기와 같이 만들어야 한다. 그래서 화두를 드는데

'부모미생전: 부모에게 태어나기 전의 나는 누구인가?'

'이뭐꼬: 나를 이렇게 이끌고 이 몸뚱이를 이끌고 가는 것은 무엇이냐?'

이렇게 나아가면 그 공부의 세계는 자기가 원하는 '도'를 결정하는 자세인데, 죄송하지만 여기 자성의 결정체에는 눈에 현혹할 것이 아무것도 없다. 꿈에서 꿈을 꾼다면, 그것도 다 쳐부수어야 될 것이다.

연관된 이야기를 하나 하자면, 옛 선사 중에 '무착문희(無着文喜: 무착이라고 많이 불리움)선사가 있었다. 무착선사가 문수보살을 친견하려 오대산에 갔는데 금강굴 앞에서 어느 노인을 만났다. 노인과 절에 들어가 앉아서 이야기를 나누었다.

노인이 묻기를

"남방 불법은 어떻게 지키고 있습니까?〔南方佛法 如何住持〕"

"말세 중생이 계행이나 지키고 중노릇 합니다.〔末法比兵 小奉戒律〕"

이어

"절에는 몇 명이 모여 있습니까?〔多少衆〕"

"3백 혹은 5백명이 모여 삽니다.〔或三百 或五百〕"

무착스님도 노인에게 물었다.

"여기는 불법이 어떠합니까?〔此間如何住持〕"

"범인과 성인이 같이 살고, 용과 뱀이 섞여 살고 있지.〔凡聖同居 龍蛇混雜〕"

노인에게 다시 묻는다.

" 그럼 숫자는 얼마나 됩니까?〔多少衆〕"

"앞으로 3.3. 뒤로 33 이다.〔前三三 後三三〕"

다음날 동지였다. 팥죽을 끓이고 있을 때 그 연기를 타고 문수보살이 나타났을 때 무착스님은 손에 들고 있던 주걱을 가지고 문수보살을 때렸다.

"이제 필요 없으니 나타나지 마라."

그만큼 불가의 세계는 망상이라든지, 환상이라는 것을 다 없애는 세계가 불가에서 '구경각' 이 가까운 세계이다. 그러다보면 투명한 자기 성품을 보게 되어 있다. 그 성품을 경봉스님의 글에서는 '앞33 뒷33속에 통하는 것이 있더라.' 를 참고 하면 된다. 이것은 구경각의 경계를 아는 사람만이 그 공부의 깊이를 알 수 있다.

아래는 효봉 스님의 비문에 새긴 경봉스님의 無字 화두를 타파한 禪詩 이다.

- 無字破 -

無無無上是無無
從古至今 幾識無
四十年來無字破
山高水碧 本然無
前三三兼透後三三
雲捲靑天 月印澤
永世難忘 爲法事
乾坤花笑 鳥??

없고 없고 없는 위에 다시 또 없고 없고
옛날부터 지금까지 '무'를 얼마나 알았나
40년내 온 (인생이야기)
무자 따라 (무를) 깨뜨렸다.
산은 높고 물은 푸른데 원래가 없는 그런 것이다.
앞삼삼 뒤삼삼 겸하여 통하고 있더라,
구름은 걷히고 하늘은 푸른데
푸른 하늘에 달이 연못에 있구나

영원한 긴 세상에 잊을 수 없는 것은
높은 불법이 일이다.
하늘과 땅에 꽃은 피어오르고,
새는 재잘거린다.(노래한다)

절을 하는 이유

가끔 지인들이나 상대방에게 .
"왜 만배를 하느냐?"
"하루에 천배를 매일 하나요?"
"절을 많이 하면 무릎이 아픈데 어떻게 해요?"
"절은 이제 그만해도 되지 않나요?"
등등 이렇게 많이 물어보곤 한다.

나는 하루하루 내 자신을 점검하고 되돌아보는 시간을 갖는다. 절을 하는 이유는 내 스스로 나를 낮추고 겸손하게 되돌아보는 반성의 시간을 가지기 위함이다. 그리고 또 다른 이유로는 운동선수들이 체력관리를 위해서 본 경기나 대회에 나가기 전에 평소에 달리는 연습을 한다. 즉 시합은 연습같이, 연습은 시합같이. 그 중에서도 양쪽 발목에 모래를 가득 넣은 주머니를 달고 다니기, 자동차 폐타이어를 끌고 다니기도 하며 철저하게 체력단련을 한다. 자기의 몸 상태보다 과중한 힘을 배로 하여 산으로 오르기를 반복하는 등산과정도 체력 관리의 한 부분이다.

이는 본 경기에 임해서 체력이 뒤처지지 않기 위해서지만, 나는 나 나름대로의 체력 관리를 하는 방법이 '만배'이고, '천배'를 하는 이유이다. 또한 사회적응에 뒤떨어지지 않게 하기 위함이다. 사회생활도 잘하기 위한 나를 단련시키는 과정이다. 그리고 전생의 업력을 받지 않고 원력을 세우며, 보임을 위해서도 필요하다.

선가(禪家)의 보임이란

첫째는 나태해 지지 않기 위한 습관을 들이기 위함이고,

둘째는 자신의 허물을 바로보고 스스로 정화하기 위함이고,

셋째는 초지일관처럼 처음 발심한 마음을 끝까지 그대로 지속하여 유지시키기 위함이다.

그래서 나에게 있어 절은 운동인 동시에 수행이다. 내 스스로 절제와 자재가 필요하기에 나는 절을 한다. 보임에 대해 이야기 하자면 도라는 것은 단박에 깨치면 그만이다. 그러나 도를 이루었다고 해서 실생활에는 도움이 안 된다. 혜능 대사가 깨친 후 20여 년 동안 속세에서 머물렀던 것과 연관시킬 수 있다. 출세간에서 인가를 받았으나 왜 속세로 들어가서 많은 시간 동안 세간 속에 머물렀을까? 남이 보기에는 험난한 생활일지 모르겠지만, 내가 보기엔 자기 스스로 관찰하고 자재할 수 있는 보석 같은 시간을 가졌다고 본다. 그것은 원만한 인품을 만들어 가는데 필요한 것이기 때문이다.

물속에서 물을 보다 (달을 담고 있다) / 97 × 130cm / 한지에 수묵담채 / 2010

봄은 오래된 미래에도 함께 한다.

해와 달, 별, 그리고 우주
오래된 과거는
오래된 미래도 함께 한다.
영원한 공간은
영원한 시간의 개념과 함께 한다.

절대무한과 절대 유한
상대무한과 상대 유한.

세 번째 이야기

봄은 오래된 미래와 함께 계속 온다

껍질을 벗기다

어린 시절 막연하게 지나가는 기억 속에는 성철스님 곁에서 시봉을 하는 스님 중에서 원여스님과 원안 스님이 기억이 난다. 두 분 스님은 착실함과 성실함, 진실함이 어린 나에게도 그대로 느껴졌다. 원안 스님은 비록 퇴속했지만, 웃는 모습이 아름다워서 아이들끼리 별명이 '염화미소'였다.

눈여겨보면 존재감 없는 사람처럼 조용하게 말없이 수행하는 스님은 원여스님이었다. 원여스님은 대우를 받는 것보다 스스럼없이 궂은일도 일 없는 듯이 맡아서 하셨던 것 같다.

원여스님과 동시에 생각나는 스님은 원행스님이다. 젊은 시절의 원행스님은 언행이 빈틈없이 일치하는 분이시다. 이 두 분은 처음부터 끝까지 일관성을 유지하고 수행하시는 것 같다. 일전에 법정스님의 장례는 검소하고 소박한 생전 스님의 '무소유' 정신을 그대로 실천하시고 그것을 존중해주는 제자들이 스님의 유지를 그대로 받아들여 아름답게 마무리를 잘 했다. 그 모습이 너무나 좋았다. 그런데, 성철스님은 생전의 청렴하시고 검소한 생활방식을 소유하셨는데, 다비식 후에는 큰스님의 평소의 모습과는 달리 그 정신적 유지를 그대로 받들지 않은 것으로 생각된다.

일반적으로 팔만대장경을 부분적으로 보면 부처님과 불보살에 대해서 공경과 존경의 대상이 되어 신비롭게 극대화시킨 부분이 있다. 그만큼 가치성을 높이 평가된 점은 좋은 일이지만, 바르게 수행하는 사람들을 위해서는 제일 간편한 지름길을 다음과 같이 생각하면 된다.

원래 이 땅에 부처님이 오신 뜻은 사람의 몸으로 평등하게 수행하고, 원력 있는 삶을 추구할 수 있다고 보여주러 오셨다. 성철스님 역시 부처님처럼 강한 의지력으로 할 수 있다고 보여주셨다. 선가의 입장에서는 나중에 후학을 진심으로 위한다면 신비스러움을 조장하면 안 된다. 그 신비스러움이 스스로 주종관계처럼 절대자에게 절을 하고 숭배하게 되면, 본래의 자신의 모습을 찾는데, 잘못 이해하게 되면 시간이 걸리는 문제가 될 수도 있다.

'선(禪)'이란 모든 사람이 자기의 본래 마음자리를 찾는 것이 목적이다. 목적은 바로 본래의 자신을 알아가기 위함이기 때문이다. '불교'의 입장에서 '교'는 가르치고 알려주는 것이다. 부처님께 절하는 것은 모든 생명 상대를 존중하는 대상부터 시작한다. 마치 초중고 대학 수업처럼 격에 따라 이해성에 차별을 둔다. 하지만 '선'은 모든 것에 대한 껍질을 벗고 본론으로 바로 들어가기 때문에 추구성에 대한 의문부터 시작된다.

그것은 바로 화두법이다. 화두를 드는 것은 꼭 선방에서 앉아서 해야 되는 것은 아니다. 움직이면서 일하면서 언제든지 정신줄처럼 놓지 않고, 사람들 눈에 띄지 않고서도 마음속으로, 장소와 상관없이 할 수 있다.

선방에서 하면 발밑에 자신도 모르게 밟히는 작은 벌레라도 생명을 죽이지 않음을 바탕에 두기 때문이다. 즉 살생하는 확률이 작기 때문이다. 하지만 현대인은 일상생활 때문에 선방에서 참선을 못할 경우가 많은데 그럴 때에는 일을 하면서 화두를 들고 계속 그 상태를 유지하기 위해서는 많은 노력이 필요하다. 어렵고 어려운 세간에서 수행을 하는 것은 마치 '불속에서 연꽃이 피는 것과 같다.'고 할 수 있다. 그 결과는 세세생애에 변치 않는 원력이라고 한다.

우리가 생각하는 부처님은 신비로운 존재는 아니다. 신비로운 존재 자체는 수행에 부담을 준다. 그래서 옛 선사들은 "부처가 오면 부처도 죽이고, 마군이가 오면 마군이도 죽인다."고 했다. 누구나 마음을 먹으면 할 수 있다는 뜻이고, 관세음보살님을 외우면서 기도를 많이 하는데, 내가 만약 관세음보살이라면 이렇게 말할 것이다.

"당신도 관세음보살입니다. 관세음보살처럼 간절하고 도움을 원하는 사람한테 당신의 작은 도움을 주십시오. 그런 당신 자체가 관세음보살입니다."라고.

관세음보살도 스스로 자신한테 구축되어 있고, 문수보살의 지혜도 스스로 자기 안에 있다. 지장보살, 보현보살 등등 모든 보살행동들이 우리 자신 속에 빠짐없이 모든 사람들에게 골고루 평등하게 잘 구비되어 있다. 그래서 제일 먼저 자신의 내면을 먼저 관찰하라고 가르쳐 주는 것이고, 시작하는 것이 '선(禪)'의 특징이다.

따라서 불교는 모든 사람이 부처님이다.

'선'은 소중하고 소중한 자신의 부처인 [본래면목(本來面目)], 즉 본래의 모습을 알기 위함이다. 여기는 찾고자 하는 것과, 찾는 것을 찾고 알았다면 원만하다.

이른 아침에 / 45.5×53cm / 한지에 수묵담채 / 2010

상대와 대상

불교는 '선'과 '교'를 통합하여 불교라고 한다. '불(佛)'은 곧 '선(禪)'이라는 마음자리를 보는 것을 의미하고, '교(敎)'라는 것은 '가르침'을 의미한다. 어린이가 어른이 되기 전에 성장단계에 따라 학교에 다니면서 초등학교, 중학교, 고등학교, 대학 등 각각의 단계에 맞는 여러 가지 배움이라는 '가르침'을 받는다.

사회의 구성원이 되기 위한 방법론으로써 도리를 배운다고도 볼 수 있다. 이러한 가르침은 삶이라는 생명을 유지하면서 최소한으로 필요로 하는 기본을 바탕으로 두고 사회에서는 각자 다른 능력을 개발하고 창조하는데 밑거름이 된다. 현실적으로 집단에 소속되어 참여를 원활하게 하기 위한 과정인 것이다. 세속적인 관점에서 본다면 학교에 해당된다.

가르침에 의해서 모든 것이 다 해결되는 것은 아니다. 가르침을 넘어 자기를 바로 보는 것이 선(禪)이다. 선(禪)은 언어로 규정되지 않는 불립문자(不立文字)이다. 이것은 언어와 문자를 세우지 않고 이심전심으로 통하는 수행결과를 통틀어 선가에서 고도의 뜻을 전달하는 의미이다. 인간이 표현할 수 있는 언어와 문자를 쓰지 않는 마지막. 그야말로 막다른 끝의 표현이라고도 할 수 있다. 구경각에서는 옛 선사나 조사스님께서는 표현방법이 없어서 '0' 이라고 하기도 하고 또는 '卍' 자 나 또는 '원상'으로 표현한다.

선이라는 대상을 논하며 통용하는 언어는 선어(禪語)라고 한다.

禪語에서는 시간적인 언어, 또는 문자보다는 공간적 언어와 문자, 그리고 행동을 중요시 한다. 그것은 시간은 공간속에 포함되기 때문이다. 시간은 엄연히 과거, 현재, 미래로 나누어져 있다. 시간의 과거, 현재, 미래, 즉 三世를 하나의 단어로써 보이지 않는 구분을 공간이라는 형태로 묶어버렸다. 이러한 공간속의 시간을 전달하기도 하며 둘 다 포용하기도 한다.

무한과 유한 / 45.5×53cm / 한지에 수묵담채 / 2010

운문의 호떡

어떤 학승이 운문스님에게 물었다.

학승 : 어떤 것이 부처와 조사(祖師)를 초월한 말입니까?

운문스님 : 호떡이니라.

불교는 현실. 현실에서 현실을 더한 초현실. 망상이 제거된 '초현실'이라고 보면 된다. 지극한 현실. 현실에서 현실을 더한 지극한 현실을 '초현실'이라고 한다. 사람들이 생존을 위해 먹는 것을 호떡에 비유한다면, 호떡을 만들었다가 호떡을 금방 먹었는데, 눈앞에 분명히 호떡이 있어서 먹었다. 우리가 어떤 음식을 먹었을 때 맛이나 느낌, 촉감, 이미지나 생각이 있었는데, 그것을 다시 내 놓아라 하면 내보일 수 없는 것과 같은 이치이다.

또 한 가지 예를 들면, 분명이 이 몸을 받았을 때에는 부모도 있었고, 할아버지도 있었고, 증조할아버지, 고조할아버지까지의 조상이 있어 유전자를 가지고 태어났는데, 막상 돌아가신 고조할아버지, 증조할아버지를 내 놓아라 하면, 내 놓을 수 없는 것과 마찬가지이다. 또 그렇다고 해서 미래의 후손을 내 놓아라 하면, 내 몸 유전자에 의해 다시 태어날 건데, 그것도 내 놓을 수 없듯이 현재의 이 몸이 과거와 현재, 미래를 가지고 있다. 현재는 늘 진행형이다. 현재라는 시간은 현재라고 항상 못 박을 수 없다. 현재라고 점찍는 순간 그 현재는 과거가 되기 때문이다. 왜냐하면 시간대는 계속 변하니까!

그런데, 변하는 시간을 조용히 포용하고 구경하는 것이 공간의 세계다. 공간은 시간을 조금 떼어줘 놓고, 가만히 쳐다보고 있다. 마치 큰 지주가 소작농민한테 소작농을 빌려주고, 그에 대한 수확되는 곡식에 세금을 거두듯이 인생의 시간에 있어서도 1년, 2년… 우리들은 그 시간을 잊어버리며 허비해간다. 그런데 그 논이라는 땅은 영원한데, 소작농은 시간이 흘러 나이가 들면 죽음을 맞이한다. 1대 지주도 시간이 지나면 죽지만, 다음 두 번째 지주가 나타나고, 또 그 땅을 경작할 소작농이 나타나고 이러한 반복되는 거래가 성립되는 것이다. 이와 마찬가지로 대상이 있으면 상대가 있고, 상대성이 있으면 대상성이 있다.

따라서 운문 스님이 호떡이라고 지칭한 것에서 시공간에 대한 해석을 유추 할 수 있다.

당시의 생활상과 함께 선(禪)을 가장 쉽고 접근하게 한 선어인 것이다.

조주선사의 문답

조주선사께 학승이 물었다.

학승 : 개에게도 불성이 있습니까?

조주선사: 없다.

학승 : 위로는 모든 부처님으로부터 아래로는 개미에 이르기까지 모두 불성이 있습니다. 개에게는 왜 없는 것입니까?

조주선사: 그에게는 업식성이 있기 때문이니라.

위의 문답은 그 유명한 조주선사의 무자(無字) 화두로 많이 화자되고 있다. 모든 생명체에게도 각자에게 부여된 본 성품 즉, 불성이 있는데 왜 개에게는 불성이 없다고 했을까? 개에게는 불성이 없다고 한 이유는 성품을 보기에 앞서 그 업에 끌려서 행동하고 판단하기 때문에 자기의 자성을 제대로 보지 못하는 것이다.

업력에 따라 지혜를 창출하는 지능지수와 시각적인 견해의 차이로 생각하는 마음자리가 달라진다. 그리고 행동에 대한 책임과 의지의 문제도 지적할 수 있다.

우리가 주변에서 들을 수 있는 욕설에 개가 들어가는 말이 있다. 인간으로 태어나서 예의에 어긋나면서 사리분별을 잘 못하고 인간에게 있어 동물적인 본성에만 집착할 때 쓰는 경우가 있다.

그런 사람들을 뉴스나 매스컴에서 접할 때면 어떤 때는 개가 사람보다 낫다는 생각이 들 때도 있다. 개도 자기가 잘못한 행동을 저질렀을 때 그 주인이 꾸짖으면 자기의 잘못을 알고, 구석에 가서 눈치를 살피며 조용하게 있을 줄 안다. 하물며 만물의 영장이라고 하는 사람은…! 되풀이되는 잘못과 그릇된 행동을 다시 하지 말아야 할 것이다.

마른 똥막대기

학승이 운문스님에게 물었다.
학승: 어떤 것이 부처님입니까?
운문스님: 마른 똥막대기이니라

왜 부처님을 마른 똥막대기에 비유했을까? 그에 따른 설명으로 마른 똥막대기는 불이라도 땔 수 있는 땔감용으로 쓸 수야 있지만, 구경의 세계에서는 가장 쓸모없으면서 동시에 가장 쓸모 있는 중요한 요소라고 할 수 있다. 이는 자신이 법계에 살고 있으며 바로 눈을 통하여 실상을 바로 보고 그 안에서 주관과 객관을 떠나 그 자리에 머물러 있는 것을 가리키는 것이다

석가모니 부처님은 새벽별을 보고 구경각을 이뤄 이후 며칠 동안

상락아정에 드셨다. 신분의 귀천을 초월하여 누구나 깨달음을 얻을 수 있는데, 예컨대 효봉스님과 구산스님을 들 수 있다. 조선말기와 일제시대 때 우리나라 최초로 판사가 되셨던 효봉 스님이 계셨다. 그 분은 판결을 잘못해서 스스로 양심의 가책을 받아 회의를 느껴 판사직을 그만 두었다. 그 후 그 자리를 버리고 나와서 엿장수 생활하다 자기에 대한 깊은 성찰을 하고 출가해서 도를 깨친 효봉스님 이시다. 구산스님은 출가 이전의 직업이 이발사였다.

여기에서는 신분의 귀천을 떠나고. 나이도 초월하며 상대적인 것들을 뛰어넘어 버린다. 모든 구분되는 것에서 벗어나 누구나 구경을 할 수 있다. 그래서 우리는 예비 부처님이다.

효봉선사의
오도송 선시(禪詩)

바다밑 제비둥지엔 사슴이 알을 품었고
불 속 거미집에선 고기가 차를 달인다.
이 집안의 소식을
뉘 있어 알아볼건가.
흰 구름은 서쪽으로 날으니
달은 동으로 달리네.

라는 시를 분석해보면, 바다 밑 제비둥지는 현실성에는 있을 수 없지만, 우주라는 큰 공간 안에서 우주 자체를 '하나'로 보기 때문에, 선가에서는 충분히 융합되는 가능한 일이다. 미래과학에서는 바다 밑 휴양시설도 있을 수 있고 자동차가 잠수함으로 변해서 물속에서 충분한 산소를 만들어 가면서 장시간 여행도 있을 수 있다. 사람들은 공상처럼 생각할지 모르나 사람의 심리에는 우주와 바다 밑 전체를 생활할 수 있는 잠재적 지혜가 있다. 잠재된 지혜를 거듭 발전해서 생활의 편리함과 생각의 일치까지 가능하다. 상대성에는 상대의 심리적 현상도 가능하다. 물과 생명체는 하나로 동화되어 너와 내가 동화되듯이 한 방향 개념과 더불어 하는 잠재된 욕망을 추구한다.

'불속 거미집에선 고기가 차를 달인다' 라는 것은 모든 욕망이 거미줄처럼 엉켜진 사물이 극대화 된다 해도 맑고 맑은 정신의 높은 기운과 여유로운 차한잔이 뜨거운 불속에 있는 거미 같은 사냥꾼에도 차 한 잔으로 불을 잠재울 수 있다. '이집안의 소식은 뉘있어 알아볼건가' 는 절대적 무한은 '선가' 라는 宗風에는 일반사람들이 쉽게 이해하기 힘들다. 그래서 이해가 쉽지는 않겠지만, '흰 구름은 서쪽으로 날으니 달은 동으로 달리네' 라는 것은 방향성은 이미 없어지고, 행방성까지 묘연해서 '禪家'의 가풍의 도도함을 그대로 옮겨놓은 오도송이다. 법게송을 보면, 수행의 깊이를 알 수가 있다. 고도의 정신세계를 표현함에 '空' 함을 완전히 흡수하여 자기화 되어버린 상태이다.

다관의 찻물 / 50×130cm / 한지에 수묵담채 / 2010

왕유의 시 중에서

왕유의 「山居秋暝」시에

비 개고 난 다음 산중에는
가을빛 나날이 짙어가

소나무 사이로 달빛 비치고
맑은 샘물 돌 위를 흐른다
대숲이 버석이더니 빨래꾼 돌아오고
고깃배 지날 적 흔들리는 연잎!

꽃은 질테면 져라
임은 나와 함께 계시리니[7]

가 있다. 왕유의 시에 나타난 계절적 의미는 늦은 여름 초가을의 정취이다. 시의 의미를 분석해 보면, 비가 한번 씩 올 때마다 아침저녁 기온은 조금씩 낮아지면서 나뭇잎 색깔은 가을로 옮겨가고 있다. 달빛에 비친 맑은 샘물은 넘쳐서 돌 위로 엷게 번지면서 흐르고 있었다. 달빛과 어우러진 소나무는 기품을 유지하면서 당당하게 제자리에 서 있다. 대숲에 빨래한 옷을 말리기에는 작은 키의 대가 울타리 같은 숲으로 이루었던 것 같다. 바다가 아닌 강에서는 물이 얕은 곳에는 연꽃이 피고 지고 하지만. 연잎은 오랜 시간동안 탈색되면서까지 남아있다. 시간이 되면 자연현상으로 연꽃은 반드시 진다. 그래서 자연의 현상은 긍정적으로 받아들인다. 현상계인 시간대에 구애받지 않은 것이 佛家의 전통성 이라 볼 수 있다. 여기서의 임은 부처님 또는 자기 자신의 자성불(自性佛)로서 수행으로써 수행시간을 가지면서 한걸음씩 '道'에 나아가기 때문에 '道'는 외로움과 고독함이 함께 벗이 되기 때문이다.

'연잎이여 질테면 지라.'

이것은 현상계의 사물들이 사물에 연연하지 않아도, 불가에서는 내

---

7. 王維,「山居秋暝」, "空山新雨後 天氣晚來秋 明月松間照 淸泉石上流 竹喧歸浣女 蓮動下漁舟 隨意春芳歇 王孫自可留." 이원섭 역해, 『唐詩』(현암사, 2007), 287-288쪽.

면과 무한의 시방법계의 그 길을 우선 시각적으로 꽃이 피었다가 지는 것은 생물체적인 몸으로 느낄 수는 있지만, 또 하나 염두에 둘 것은 무한한 시방법계와 이 끝없는 우주와 내면을 또 다시 그 길을 보고 관찰할 수 있는 길이 있기 때문에 그렇게 현상계에 연연하지 않는다.

현상계에 연연하지 않는 것은 시간에 구애받지 않고 좀 더 여유를 가진다. 예를 들어서 봄, 여름 가을 겨울, 겨울에는 모든 생명이 움츠려들고, 눈이 덮이고, 냉동 되며, 땅의 휴식기라고 하지만, 사실은 이 휴식기가 굉장히 중요하다. 이 휴식기 자체가 다음 새싹을 틔우기 위함이고 창조의 시간이고, 새로운 설계의 밑그림이 그려지는 시간이다. 이 휴식기가 엄청난 에너지를 설계하고, 봄이 되면 꽃을 피우기 위하듯이 건물을 짓듯이 그의 밑그림을 그리기 위한 단계이다. 이는 엄청난 생산의 과정이다. 그림을 그리는 화가도 잠시 여행을 하고 쉬는 시간은 하나의 작품을 탄생시키기 위한 창작과정이다.

수행도 역시 타인이 보기엔 조용하게 느끼지만. 엄청난 생산 활동을 하고 있다는 사실이다. 모든 머리의 번뇌 망상을 제거하고 새로운 길, 창의적인 길, 자기만의 그것을 추구할 수 있다는 것이다. 쓸데없는 생각을 버리고 집중하고 창작의 길은 완벽하게 자기가 나아가고자 하는 방향설립이다.

방향을 설립하고 내가 목표를 정하고 내 인생의 흔들림이 없고, 시간을 아주 요긴하게 쓸 수 있는 것. 곧 불교가 아니더라도 자기 자신을 되돌아보고 내 스스로의 인생의 나머지 목적 시간을 잘 활용할 수 있는 것도 하나의 수행에서 생기는 큰 이득이다.

잔잔한 시간 / 60.5×72.5cm / 한지에 수묵담채 / 2010

동쪽 산이
물위로 간다

어떤 스님이 운문문언(雲門文偃: 865~949)스님[8]께 물었다.

"어떤 것이 모든 부처님들의 몸에서 나오신 곳입니까? 했더니 운문 스님께서

"동쪽 산이 물위로 가느니라."고 했다.[9]

"동쪽 산이 물위로 간다."에서 '동쪽 산'이라는 것은 不動的인 개념을 의미하며, '물위로 간다'라는 것은 시간적인 개념을 함께 일원화시켜 초자연적 현상을 의미한다.

여기에는 부동의 山과 動山(움직임)을 함께 묶어 공통된 하나의 공간개념으로 우주 현상을 가리킨다. 우주의 행성 중에 지구는 물의 행성이라 해도 과언이 아니다. 해는 동쪽에서 서쪽으로 옮겨가듯이 시계방향으로 돌면서 회전하고 있다고 볼 수 있다. 우주 섭리 현상을 그대

로 반영한 것이다.

즉 물을 액체 상태에서 보는 관점과 고체상태(얼음)에서 보는 관점, 기체 상태에서 보는 관점인데, 이것은 시간적 개념에 따라 나누어지지만 공간적 개념에서 보면 물은 그 자리에 그대로 있는 것이라고 할 수 있다. 여기 액체와 고체와 기체는 태양 에너지의 가세에 따라 순환과 보존, 방출된다.

방출은 분리 순환으로서 물의 기체화를 의미하는 것으로 물이 가지고 있는 상당한 잠재적 에너지인, 바람과 태풍 등의 원인이다. 그러나 아무리 잠재적이라고 할지라도 인간이 시각적으로 표현하고자 하는 요구를 배제할 수는 없을 것이다. 그래서 물은 기체 상태로 포집되어 분자활동을 하고 있는 구름과 안개 등과 같이 보여줄 수 있는 형태로 표현되기도 한다.

---

8. 운문스님은 당나라 말기의 선승(禪僧)으로 중국 선종(禪宗) 오가(五家)의 하나인 운문종의 창시자이다. 禪宗 五家는 선종의 다섯종파를 말하는 것으로, 임제종, 운문종, 조동종, 위앙종, 법안종이 있다. 설봉의존(雪峰義存, 822~908)의 법을 이었다. 운문스님의 어록인 『운문록』은 『운문광록(雲門廣錄)』 또는 『운문광진선사광록(雲門廣眞禪師廣錄)』이라고도 하는데, 3권으로 되어있다.

9. 성철, 『본지풍광』(장경각, 1990), 98쪽.

몸과 마음

　　선가에서는 '몸'을 정의할 때 '생(生)'의 존립과 함께 수행을 위해서 아끼고 다듬어야 할 중요한 부분이다. 마음과 몸의 일치를 위해서는 항상 자신과의 싸움에서 마음이라는 주인공이 '몸'을 지배하기 위한 '생'의 도구로써 '생'의 마감과 같이 가기 때문이다.

　　우리는 하나의 우주이고, 우리의 몸 전체도 우주에 속한다. 다시 말하면 지구가 우주의 별이다. 우리도 지구라는 별나라에 살고 있으며 공간 형성은 우주와 함께 한다. 우주 속에 지구는 개체형성으로 이루어졌지만, 지구 자체로써는 많은 생물이 살고 있듯이 우리의 몸속에도 많은 미생물이 산다. 침략 존재인 박테리아부터 형상 유지의 구성요소인 세포와 성장할 때에는 세포와 세포가 교체되고 결합하여 하나의 조직세포를 이루어 낸다. 또한 엄청나게 많은 생명력 유지를 위한 개체세포들이 존재하고 있다.

　　그런데 석존이 왜 우리에게

"자기 자신을 먼저 다스리라."라고 했겠는가?

사람이 한 국가를 경영한다고 치면, 여당과 야당에서부터 시작하여 모든 소리가 다 들려온다. 우주 빅뱅과 마찬가지로 우리의 몸은 전부 다 합성된 물질을 가지고 구성되어 있으며, 그 안에는 분석된 물질이 하나로 융합 통합이 되어서 하나의 생명체로 이루어져 있다.

이렇게 융합 통합된 것을 간단하게 살펴보면 자신의 신체구조를 보면 된다. 내 생각이 내 몸을 명령하고 이끌어 가는 중추적인 역할이라면 보조적인 역할은 보고 듣고 느끼고 하는 오감의 작용이다. 오감의 작용은 한군데로 통합이 되어서 정확한 판단을 내리는 것이 정상이다. 만약 한군데로 모이는 통합작용이 잘못되어 보는 것 따로, 듣는 것 따로, 생각 따로. 이렇게 되면 이후엔 분석에 대한 통계가 잘못되어 대혼란이 오는 것이다.

다시 말하자면 우리가 눈·귀·코·혀·몸의 감각 작용이 마음이라는 컴퓨터에 조립처럼 되어서 몸이라는 종합시스템을 가지고 있는데, 이 시스템이 고장이 나면 개체적으로 따로 따로 보게 되고, 제멋대로 행동하고 생각하는 것이다. 한나라를 경영한다면 최고의 지도자가 중심을 잘 잡아야 하며, 대통령이 바른 의사 결정으로 국회와 정당들이 잘 따라서 움직여야 되는데, 대통령의 힘이 부실하거나 약화 되면 여당. 야당이 큰 소리 치게 되어 있고, 여당 야당 중에서 이권이 개입된다면 목소리 큰 사람이 큰 소리 치게 되어 있고, 이렇게 되면 서로간의 합의가 도출되지 않기에 국정운영에 도움이 되지 않는다.

예를 들어서 상대방하고 이야기 하고 있으면서도 마음속으로는 딴 생각이 들 수도 있다. 서울 갔다가 부산 갔다가 하는 여러 가지 생각을 동시 다발적으로 하는 것처럼 사람의 마음속은 그런 무의식적인 시스템을 가지고 있다. 또 다른 예를 든다면 귀에는 이어폰을 꽂아서 음악을 들으면서, 눈으로는 책이나 신문, 다른 사물들을 본다든지. 그림을 감상한다든지, 신문을 보고, 가끔가다 옆 사람과 이야기도 하고 하는 것은 너무나 자신이 복잡한 시스템으로 가고 있는 것이다.

여기에서 내 자신을 비우고 집중하지 않으면, 제멋대로의 각도에서 움직이기 시작하는데, 이것은 정신분열, 정신 착란의 시초가 될 수 있으며 환각을 볼 수 있는 확률도 높다. 한 가족이 구성될 시에 부모가 자식의 바른 교육을 위해 힘써야 하지만, 교육도 하지 않고 제멋대로 행동하게 놔두면 자유가 오히려 방종이 된다. 그렇게 되면 자식도 망치고, 사회도 망치게 된다.

원래 시방에는 아무것도 없다. 금강경에도 공의 이치로 말을 했다. 이것은 분명히 공의 이치로 자기가 즉, 자기 자신의 몸을 가지고 설명할 수도 있다. 물질이 완전히 쪼개어진 분석된 상태에서 모일 때에는 자석처럼 이끌려서 융합이 된다. 여기에서 자석이란 입자와 입자끼리 연결되고 결합하는 힘을 의미한다고 볼 수 있다. 모든 입자들은 나름대로 개성적인 자전력을 가지고 있다. 그리고 서서히 노화와 동시에 죽음을 맞이할 때에는 통합에서 분석으로 전환되어 전부 해체되어져서 부서지고 넘어간다. 그때 나와 상대방의 원자가 우연의 일치로 한 분야가 만날 수가 있다. 이 세포는 기억장치를 가지고 있다. 나와 상대방의 성격이 통할 수가 있다.

눈에 보이지 않는 입자가 되어 만나서 다시 내 몸으로 받아들일 때

는 어떻게 보면 모든 식물과 동물, 지구, 눈에 보이지 않는 것들이 상호 연결이 되어 있는 것이다. 세포와 세포끼리도 원자와 원소까지 미세하게 파고 들어가면 체인으로 연결되어 있다. 그 가운데는 공기가 통하고 있고, 마음처럼 저절로 이심전심으로 통하게 되어 있는 것이다.

그러니까 결론적으로 말하자면 눈에 보이는 망상은 자기가 무의식적인 기억 속에서 만들어낸 것이며, 무의식적인 기억은 다겁생을 윤회하는 과정에서 망상으로 나올 수도 있다. 개별적으로 몸 밖으로 빠져나와 행동할 수 없는 세포는 몸 안에서 자기 소리를 내어야 되니까 눈에 보이지 않는 것이며 그 형체를 보여줄 수도 없는 것인데, 발도 없이 나를 항상 따라다닌다. 마치 감옥에 갇힌 사람들이 바깥세상을 동경하듯이 꿈을 꾼다. 바깥세상으로 향하여 소통하려고 애를 쓰고, 존재감을 알리려고 주동적으로 테러를 구상할 수 있지만, 어디까지나 몸이라는 감옥 안에서의 일이다. 그래서 세포는 일정기간 동안에 구성된 조직에서 빠져 나올 수는 없다. 그렇지만 그 중 몸속에 존재하고 있는 세포가 돌출하여 나온 형상을 두고 다른 각도에서 생각해 볼 수 있을 것이다.

　일반적으로 말하는 진정한 수행에는 망상은 없다. 다만 무의식으로 잠재된 생사의 윤회에 의하여 지남철처럼 끌어당기는 무의식적인 탐욕에 의한 애착이 문제이다. 사람은 자기 의지와 노력이 강하면 모든 희망사항을 하나씩 이루어 갈 수가 있다. 엄마가 혼자서 시작된 놀이에서 알 수 있듯이 우리는 엉뚱한 망상이라도 지극하게, 자기가 원하는 것을 강력하게 염원하면 허공을 물질화 시킬 수 있는 것이다.

　눈에 보이지 않는 막연한 허공을 물질로 만들 수 있는 것이 인간이다. 그래서 인간은 무한한 창조력을 가진 존재이다. 지금 우리가 살고 있는 시대에서 편리에 의해 사용하고 있는 필수품을 살펴보자. 컴퓨터, 세탁기, 휴대폰, 냉장고는 물론이고 유행하고 있는 아이패드 등등 많은 물품들이 있다. 자기의 망상이 지극하면 그것은 현실이 될 수 있는 것이다. 이것이 바로 허공이 물질이고, 물질이 허공인 것이다.

　내가 원하는 것이 무엇인지, 내가 정말 하고 싶은 것이 무엇인지 그것을 우선순위에 두고,(물론 이익을 위해서 남을 해치는 잘못된 일에 빠져드는 것은 옳지 않다.) 모든 생각을 배제하고 거기에 집중해서 파고들면 사람은 모든 것을 이룰 수 있는 창의력을 제각기 갖고 있다. 사람마다 추구하는 이상과 개성이 다를 뿐이다. 큰 원경으로 본다면 우리는 누구라도 무언가 창조할 수 있다는 평등성을 가진 각자가 개체적인 부처님 같은 존재이다. 그렇기에 우리는 개개인이 이상적인 삶을 추구하기 위해 시간을 잘 경영해야 되겠다.

몸과 마음 2

'나' 라는 존재가 있음으로써 모든 것을 볼 수 있듯이 사람이나 동물에게도 각자에 맞는 몸이 있다. 구축된 컴퓨터 시스템처럼 하드디스크가 있다. 이러한 하드디스크가 몸이라고 한다면 나의 중추적인 역할을 하는 모든 것을 통합하는 명령시스템이 있다. 하드디스크 속에 핵심이라 할 수 있는 소프트웨어가 있다. 몸에는 소프트웨어라고 비유할 수 있는 몸에 맞게 존재하는 자성도 포함된다. 자성이라는 것은 영원하고 변하지 않은 것이다. 자성은 생명체가 죽음을 맞이하여 생명체의 몸이 소멸이 되면 빠져 나갔다가 생명체의 몸이 생성되면 다시 합류한다. 사람이라는 몸을 가지고 있을 때 자성을 찾는 것이 중요하다. 그래서 몸이 중요하다.

자성이란 사람 형태에 둘러싸고 있는 구경이라는 것이 있다. 이러한 자성을 보는 것이 구경각이고, 구경각에는 먼지도 없으며 아주 맑고 투명한 기운이 있다. 그것을 불교에서는 '마음' 이라고 말을 하기도 하며, '자성' 이라고 하기도 하고, '구경각' 이라고 하기도 하고, 여러 가지 이름으로 불리는데, 아주 맑은 전파가 있다.

마음이 어디에 있느냐는 물음에 어떤 사람은 "팔에 마음이 있다." 라고 친다면 시체라는 것은 마음이 떠나간 게 시체이다. 그러면 '팔에 마음이 있다.' 라고 한다면 영원해야 될 팔이 시체가 되어 왜 죽고, 없어지냐는 말에 생각해 봐야 한다. 우리가 사람이라는 이 몸을 가질 때 언어와 의지와 생각을 평균적으로 평등하게 다 가지고 있다.

'몸' 은 우리가 관장하는 모든 신경계 회로가 있어 살아있음으로써 아프다든지 덥다, 춥다 하는 모든 것을 다 느낀다. '마음' 은 있지만 보여줄 수 없다. 다만 의사표현과 감정을 표출하는 방법으로 보여준다. 우리 몸의 세포는 부분적으로 일정시간이 지나면 물갈이를 한다. 몸속에 일어나는 세포의 일을 모르고 있을 뿐이다. 물질이 허공이며, 허공도 물질로 돌아오는 반복된 순환작용으로 보고 있을 뿐이다.

분명히 우리가 사람으로 태어난 과정을 보면, 수많은 정자 중에 난소에 1등으로 달리기 한 것이 사람으로 태어났다. 우리 사람이 태어날 때는 한 사람이 태어나기 위해 월등한 정자 하나를 제외한 나머지 정자들의 존재는 상실된다. 몸이라는 것은 이렇게 움직일 수 있는 표면적으로 보이는 것 보다 보이지 않는 작용도 몸의 내부 작용에 속할 수 있다. 그것을 느낄 수 있다.

우리의 피부는 비가 오면 습한 기운을 느낄 줄 알고, 더우면 덥다고 말을 하지 않아도 땀이 줄줄 흘러내린다. 음식이 들어가면 다 분해하고 공장처럼 가동한다. 말없이 일을 하고 있는데, 인체의 반란자는 암세포이다. 왜? 나는 이 인체를 빨리 탈출하고 싶다. 나는 이 인체하고 더러워서 빨리 살기 싫다. 등등 그런 이유로 반란해도 곧바로 나갈 방법이 없다. 그러면 인체를 구성하고 있는 면역세포들이 공격을 하기 시작한다.

그런데, 의지가 약하거나, 몸이라는 군주가 아주 철통방위를 하지 않으면 이런 반동분자들이 많이 생긴다. 그래서 이것들이 단합해서 서서히 서서히 파괴의 시기를 앞당긴다. 내가 건강을 유지하고 면역체계를 오래 가지고 있으면 파괴의 시기를 늦출 수 있다. 내 자신을 잘 관리하라고 하는 것은 원래 내 인체에서 명령을 잘 통제해서 원활하게 순환이 잘 되도록 하라고 만드는 것이다. 사실 따지고 보면 다 개체이다. 자기가 주인공 노릇을 하지 못하고 물질에 의해 다 붙어있는 것이다.

큰 별이 만들어지면 그 회오리바람과 함께 자동적으로 지남철처럼 휩쓸리게 되어있다. 모든 생명체는 지수화풍의 구성요소를 지니고 있으며, 한 가지 구성요소로는 각기 자기가 개체가 되려고 해도 개체가 될 수가 없다. 시간이 지나면 해체가 되어 형상이 없어지듯이 몸이라는 것은 인연법 하고 비슷하다고 생각한다.

인연법이라는 것은 과거로 돌아가면 우리는 분명히 고조, 증조를 포함해 조상이 있어서 이 몸을 물러 받았는데, 지금 보여줄 수 가 없다. 그와 마찬가지로 현재의 이 몸이 눈에 보이는 보존가치를 지닌 신(身)이다.

'신(身)'이라는 개념은 우리 불교에서는 인본주의 사상을 지니고 있으며 우리 인간은 모두 하나의 신이다. 신은 곧 부처이다. 즉 부처의 종자를 가지고 있다는 뜻이다. 삶에서 생각하고 느끼고 행동하는 자체가 몸이라는 도구에 마음이 움직이기 때문이다. 사람자체가 부처님이고, 하나님이고, 신이다. 그것은 사람 자체가 전지전능한 존재이다. 생각대로 움직이고 행동하는 것과 가고오고 하는 것이 가능하기 때문이다.

예를 들어 공부하고 싶으면 공부하고, 어디 가고 싶다고 한다면 두 다리로 어디든 갈 수 있다. 도서관에 가고 싶다고 한다면 몸을 움직여서 도서관에 가고, 컴퓨터 만들어야 한다면 부품을 구입해서 컴퓨터를 만들 수도 있고, 글을 써야겠다고 맘먹으면 하얀 종이에 글도 쓸 수 있고, 짜장면 먹고 싶으면 짜장면 먹을 수 있고, 가고, 입고, 생각하고, 등등 하고자 하는 것을 가능하게 만든다.

하나의 '몸(身)'이라는 것을 유지하는데 불편한 점이 많다. 대통령도 하나의 '신'이고, 노숙자도 '신'을 가지고 있는데, 각자의 몸이라는 형태를 부여받고 산다. 이러한 몸이라는 것도 신분에 따라 등급이 나누어지는데, 등급의 기준은 복이 많고 적음에 따라 천차만별로 나누어진다. 그야말로 민주주의 사회처럼 다양한 평등을 보여준다. 복이 없는 노숙자는 먹는 것에서부터 입는 것, 잠자리도 구해야 되고, 먹고 싸는 것 등등 자기의 몸이라는 공장을 가동하는 것도 힘이 든다. 본 주인을 잘못만난 세포들은 추워도 추운 것을 견뎌야 하고, 더워도 더운 것을 견뎌야 한다. 그리고 보면 사람 자체가 신이면서도 불쌍하고, 불쌍하면서도 인간의 생명이 다할 때 까지 한계성을 가진 신이다.

신도 바쁘고 고달프기 때문에, 즉 신이라 해도 운영여하에 따라서 달라지기 때문에 계획표를 잘 세워서 '신' 자체도 경영을 잘 하는 신이 되어야 할 것이다.

진짜 수행하는 사람은 자기의 본마음. 본성의 청정함. 움직이는 자체를 알고 싶어 한다. 일반적인 사람들이 가지고 있는 신의 속성은 먹고 살기 위해서 돈을 좀 더 가져야 되고, 명예를 가져 자기의 이름을 드높이고 싶고, 권력을 가져서 남을 지배하기 위함에 있다는 것이다. 기가 막힌 이분법이다. 신이면서도 경영해야 되는 '신'인 동시에 즉 자기가 신인데도 자기의 몸에 있는 세포들은 같이 고생하니까 말이다.

그러고 보면 세포들도 자기 신을 잘 만나야 되겠다. 세포로써는 사람이 자기의 우상이니까 말이다.

샘터 / 45.5×53cm / 한지에 수묵담채 / 2010

경전의 핵심

경전 중에서 금강경(金剛經)이 있는데, 풀이해보면 '금강'을 보석에 비유하자면 다이아몬드에 속한다. 그래서 금강석을 일명 다이아몬드라고 부른다. 그러면 금강이라는 것을 무엇을 말하는 것인가? 금강이라는 것은 깨뜨릴 수 없는 것, 매우 단단하여 결코 부서지지 않는 것을 비유하는 말이다. 내 마음속에 금강이 되어 있다는 것은 내 마음의 원력이나 결심이 다이아몬드처럼 단단하여 부서지지 않은 결정체를 의미한다. 금강경의 핵심은 반야심경(般若心經)이다. 반야심경에서 '반야(般若)'라는 것은 공의 이치를 설명한 것으로, '공(空)'이라는 것은 사람들이 들을 수 없고, 만져서 가질 수 없으며, 사람들이 어찌할 수가 없는 것이다.

오히려 시방법계, 공의 지배를 받고 있는 것이 사람이다. 우리는 공간에서 시간을 조금 떼어내어서 사용하여 우리 생을 살 뿐이지, 시간이 공간을 쳐 낼 수가 없다. 인간이 공간을 아무리 지배하려 한다 하더라도 공간은 말없이 포용할 뿐이다.

시방삼세에서 시방이라는 것은? 시방법계라고도 하는데 우리 눈의 시각에서 우주까지 볼 수 있는 눈 안에 들어오는, 시야 안에 들어오는 모든 범위가 다 시방이다. 다시 말해 시야에 들어오는 모든 공기를 뜻하며 이는 우주까지 연결되어있다. 삼세란? 과거 현재 미래의 시간을 말한다. 사람으로 비유한다면 조상과 나와 후대의 자손까지 이어지는 그것까지 모두를 포함한다. 시방삼세는 하나의 법계 질서를 말하며, 없어지지 않는 일정한 규칙의 법, 모든 사람 즉, 성인이나 범부나 할 거 없이 모두에게 포함된 생명의 조화 또는 생물과 무생물 할 것 없이 고유한 질서라고 생각해도 된다. 이는 생명체, 몸에서 수분이 빠져나가는 유무의 차이의 것이다:: 불가에서는 항하사 모래의 수같이 별들에게도 작용되고, 사람에게도 작용되고, 일정한 수분 함량에 의해서 분해(소멸)되기도 하고, 생성되기도 한다.

절에서 새벽에 일어나 부처님 전에 예를 갖추어 절을 할 때 오분향예불문(五分香禮佛文)이라는 것이 있다. 시작을 살펴보면 계향. 정향. 혜향. 해탈향, 해탈지견향으로 시작된다. 오분향이라는 것은 내가 도를 위해 향하는 곳에 울타리를 치는 것, 즉 망상이 없게 도와주는 역할을 한다. 오분향의 첫 구절로 시작되는 단어인데, 그 뜻을 살펴보면 다음과 같다.

'계향(戒香)' – 계를 지킴으로써 즉 규율, 혹은 질서를 지킴으로써 망상거리를 만들지 않으니 그 안에서 편안해지는 것을 의미한다.

　정향(定香) – 계를 지키면 마음이 안정이 된다. 안정이 됨으로써 혜향(慧香) – 즉 지혜가 생긴다. 지혜가 생기면 해탈향(解脫香) – 해탈이 되는 것이다. 모든 격식과 얽매임으로부터 망상 속에서 벗어나는 해탈이 된다. 해탈이라는 것은 자유를 뜻한다. 내 몸과 마음이 자유를 얻음을 말한다. 자유를 얻음과 동시에 해탈지견향(解脫知見香) – 최고의 인간적인 바른 지혜, 지견을 가질 수 있다는 말이다. 이것이 오분향의 핵심이다.

　그리고 예불대참회문(禮佛大懺悔文)에 보면 '지심귀명례(至心歸命禮)'라는 구절이 있다.

　사람들은 무조건 지심귀명례를 외우면서 부처님 명호를 부르며 절을 한다. '지심귀명례'의 의미는 '진심으로 내 본 마음속에 귀의합니다. 이 망상과 헛된 세상의 욕망을 버리고 진심으로 나한테 귀의합니다.'라는 뜻을 지니고 있다.

　보광불, 보명불로 시작되는 구절에 절을 하는데, 보광불이라는 부처님은 따로 존재하는 것이 아니다. 내 스스로 보물 같은 존재라는 뜻이다. 내 속에 보물 같은 빛이 있고, 내 속에 그것이 다 구비되어있다. 내 망상과 현실에서 살기 위해 엎치락뒤치락 하면서 그 먼지를 덜어내고 내 본 마음속에 그와 같은 것을 찾아내는 것이다. 마치 내 이름으로 설명하자면 경혜야. 라고 불리어지는데 거울 경(鏡)자에 은혜 혜(惠)자 . '거울 같은 은혜를 베풀어라.' 라는 뜻이다. 누가 나의 이름을 부르는 것처럼 내가 내 속에 구비되어 있는 존재를 찾아가며 이렇게 부처님 명호를 하나하나 분리시켜 부르는 것과 마찬가지로 보면 된다.

　우리들은 오늘도 각자가 바쁜 일상을 보내며 각박한 삶의 리듬 속을 헤쳐 나가지만, 그 가운데 자기를 바로 보는 여유를 가지는 것은 어떨까?

물과 달과
물에 비친 달

물과 달과 물에 비친 달은 영가스님[10]의〈證道歌〉에 나오는 글과 연관시킬 수 있다.

거울 속의 형상 보기는 어렵지 않으나
물 속의 달을 붙들려 하나 어떻게 잡을 수 있으랴

(『證道歌』 21, "鏡裏看形見不難 水中捉月爭拈得")

---

10. 온주 영가(溫州 永嘉)의 현각선사를 말함. 성은 대(戴)씨로 영가 사람으로 출가하여 삼장을 널리 깊게 공부하여 천태의 지관(止觀)에 통달하였다. 뒤에 조계산에서 육조(六祖)를 뵙고 깨달아 하룻밤을 자고 떠나니 사람들이 일숙각(一宿覺)이라 불렀다. 다음 날 산에서 내려오니 온강(溫江)에 돌아오니 배우러 오는 이가 날로 늘어 진각대사라 불렀다. 당나라 예종 712년에 입적하니 무상대사(無相大師)의 시호가 내렸다. 『증도가』를 저술하고 『영가집』이 있다. 김길상 편, 『불교대사전』(홍법원, 1998), 1768쪽 인용.

물상이 관조되어 거울에 비치면 바로 상대적인 형상(물상)을 볼 수는 있다. 이것은 상대적인 대상이기 때문에 대상의 물상은 바라 볼 수도 있고, 감각적으로 만질 수도 있다. 그러나 공간이라는 거대한 우주에서 달은 시각적으로 볼 수는 있다. 그것은 달이 빛을 발하는, 어둠속에서 유일한 달빛의 밝음 때문이다. 어둠속에는 모든 물상은 보이지는 않으나 다만 달빛만이 유일하게 물에 비치면 물은 거울처럼 반사기능으로 인해 달빛을 받아들인다. 달의 형상이나 빛을 받아들여 약간의 출렁거림에 의해 반짝반짝하는 빛을 반사기능으로 인해 빛으로 달의 형상을 담고 있다. 아무리 물속에 비추어진 달의 형상이라 할지라도 그것은 하나의 달빛일 뿐이지 달은 아니다.
　이것은 우리가 물은 물이라고 하지만, 예를 들어 물 자체를 다이아몬드 보석처럼 담아서 오랫동안 아끼고 보관하고, 하나의 보석형상으로 여기지는 않는다. 다만 몸에 물이 부족하여 수분을 보충해주거나 각각의 쓰임에 맞은 소임을 다하고 스쳐지나갈 뿐이다. 마치 물속의 달처럼 쳐다볼 수는 있으나, 잡거나 보석처럼 간직하지 못한다는 것이다.

불이(不二)

불이(不二)란 뜻은 둘이 아니라는 뜻이다. 중생과 부처가 둘이 아니요, 세속과 부처의 세계가 둘이 아니며, 선악(善惡), 유무(有無), 깨끗함과 더러움, 등등 상대적 개념에 대한 모든 대상이 둘이 아니라는 의미다. 이 불이사상(不二思想) 속에 담겨진 불교의 진리는 매우 미묘한 법문을 간직하고 있다고 하겠다. 다시 말하자면 불이(不二)란 둘이 아니고 나누어지지 않았으며, 다르지 않다는 말로 일단 정리할 수 있다. 하나라는 말은 또 하나를 보태서 둘이 되는 하나가 아니라 전체, 즉 그것 밖에 없고 상대되는 것이 없다는 의미에서 하나라는 것이다. 생(生)과 사(死)가 둘이 아니듯이 물질과 허공 역시 둘이 아니다. 물질이 허공이요. 허공이 물질이다.

공기는 가볍지만, 결코 가볍다고 볼 수가 없다. 우리의 일상생활과 연관시켜보면, 사람의 귀에는 회전고리가 있다. 회오리 같은 회전방향을 느끼게 한다. 회오리 같은 바람은 물결이 둥근 반원형 비슷한 형태를 반복하면서 급진전할 때 즉. 상, 하, 공기층의 압박을 받을 때 예를 들어 물이 가득 채운 수영장에서 물을 뺄 때 기층의 압박에 의해 볼 수 있는 현상이다. 물리적인 현상으로 실험한다면 가벼운 스티로폼 5~10cm 두께를 큰 물통의 밑넓이에 깔고 물통의 물을 가득 채워도 가벼운 스티로폼은 부서지지 않는다.

스티로폼 속 갇혀있는 공기층이 어느 정도 양의 무게를 지탱하기 때문이다. 예를 들면 트레일러 같은 대형 화물차량의 무게는 엄청나다 그러나 차바퀴 타이어 속에 갇혀있는 공기는 자동차 무게의 압력을 적당한 공기압에 의해 지탱한다. 공기가 가볍다고 해서 무게가 나가지 않는다고 볼 수 없다. 바람과 물결의 관계는 佛家의 불이문(不二門)관계처럼 극과 극은 통한다고 볼 수 있다. 이는 공기에도 뼈가 있다고 볼 수 있고, 물에도 뼈가 있다고 볼 수 있다. 형태는 보이지 않으나 나는 불이문처럼 바라보고 있다.

끝없는 망상과 번뇌가 반복되는 가운데 그 속에 보리(자각된 자리)는 어디에 안주할까라고 묻는다면 보리는 번뇌 속에 있었고, 번뇌 역시 보리 속에 있었다고 할 수 있다.

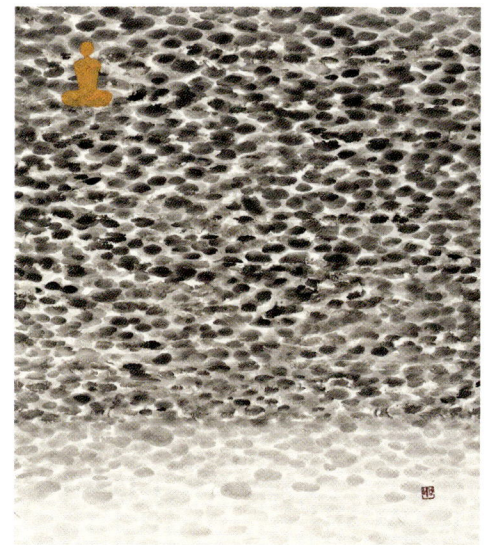

2009 물속에서 나를 보다 I / 53×45.5cm / 한지에 수묵 / 2009

흐르는
물과 같은 시간

　　제어장치가 없는 시간은 가파른 경사를 가진 곳에서 멈출 수 없는 물처럼 흘러간다. 물은 되돌릴 수 없는 과거를 가지고 같이 흘러간다. 그러면서 시간은 지나가면서 두뇌라는 MP3 같이 압축된 공간에 기억이라는 회상회로에 흔적을 남겨 놓기도 한다.

　　물은 아무런 제재 없이 일정한 환경에 의해 환경적응에 유연하게 합류하여 순응하고 있다. 마치 사람들이 반복 행위를 통해 몸에 베인 행동이 익숙한 것처럼!

　　물들어간다는 의미는 '생각이나 사상이 전환된다.'라고 볼 수 있다. 내면은 환경과 지각(知)에 의해 조금 더 상황에 대한 인식이 바뀌어 간다. 유행과 밀려오는 새로운 문화와 문명은 시대상황을 거부한다기보다는 자각형상에 의해 무의식적인 타협을 합리적인 상황으로 판단한다. 인간은 사회적인 동물이라는 것을 인식하는 과정이라고 볼 수 있다. 사회적인 것이라는 것은 타협을 의미하며 타협은 같은 지능끼리 의사소통의 잠재의식 단계이다. 경험과 체험으로 타인을 이해하고 관용이라는 단어가 생긴다. 같이 느끼고 이해하고 그것을 즐기고 유지하면 시간이 흘러 이어오고 지켜지는 문화라는 공용어가 생길 정도이다.

이것은 환경에 따라 자원에 따라 조금씩 또 다른 문화발상으로 이어지고 있다.

흐르는 시간 속에서 / 90×130cm / 한지에 수묵담채 / 2008

우주를
유영한다면

　　엄마와 나는 가끔 토론을 한다. 재미있는 사실은 옛날의 물장사가 요즘 시대에는 '생수판매업'으로 이름이 불리어지고 있다. 이름은 달라졌지만 대량생산이 가능하며 기계는 분업화 되었다. 면밀히 살펴보면 예나 지금이나 물레방아 돌듯이 크게 달라지지는 않았다.

　　옛날의 나무꾼들이 나무를 베어 판매하고 나무 자체가 가열에너지에 속한다면 그런 조달방식은 요즘은 화석연료 판매업. 즉 주유소도 될 수 있고, 전기도 있다. 새롭게 발전된 것이 태양의 복사열을 이용한 태양열과 바람의 운동에너지를 이용한 풍력, 땅에서 얻을 수 있는 지열이 있다. 이것은 인간의 문화생활의 단초가 되고 있다.

　　우주의 별 중에서 지구란 별. 거기에서 생명체 중 가장 지적인 문화수준이 높은 것은 바로 사람이다. 사람은 너무나 영리하여 유전자

공학과 최첨단 과학기술로 생명을 연장시키는 단계가 어느 정도 진행이 되면 그 후에는 우주까지 경제적인 가치로 판단한다. 어느 별에는 어떠한 무엇이 있고, 사람들이 생활하기가 적합 하는지의 여부, 그 별에 생존 여부와 모든 가능성에 대한 접근부터 시작하면서 서서히 생존 필수품으로 인정하여 그 별 자체에 눈을 돌린다.

우리들은 좁은 지구에서 서로의 영토라고 주장하며 땅을 넓히기 보다는 지구보다 크고 무한한 우주의 별을 자국의 영토로 지정하고 확보하기 위해 각국에서 혈안이 될 수 있다. 그래서 엄청난 과학의 발전으로 인해 모든 사람들이 우주선을 탈 수 있고, 그리하여 우주여행이 보편화 될 수 있을 것이다. 우주를 여행 하던 중에 지구와 같은 환경을 가진 별을 탐색 하여 정착이 가능할 수도 있다. 그때쯤 만약 지구에서 핵전쟁이 터지거나 소행성의 지구 충돌로 인하여 지구의 모든 것이 파괴가 된다면, 즉 한바탕 지구파괴 대소동이 일어난다면 지구는 다시 원시시대로 되돌아 갈 수도 있다. 처음에는 모든 것을 알아서 척척 해주는 자동 무인시스템에서 편리한 생활을 만끽하며 자라난, 그런 문화습관을 가진 사람들에게 원시시대는 마치 무인도에서 맨손으로 해결해야하는 생활환경으로 갑자기 바뀔 수도 있다.

원시 시대 이전의 최첨단 문화를 접한 1세대들의 시대가 끝나면, 후손인 2세대는 부모한테서 예전의 환경에 대한 설명과 말은 들었지만, 첨단 시설과 지적인 문화생활을 보고 느끼지 않았기 때문에 환경적인 상황으로 복귀가 힘들다.

우선 체계적으로 자급자족의 생활을 이어나갈 것이다. 또 한편으로 지구를 떠나 우주여행과 우주 비행하는 사람들은 막상 지구에 돌아오면, 원시 세계로 돌아간 그 현실이 마땅치 않기 때문에, 우주선의 필수부품의 개발과 우주선을 보완수리 하여서 우주로 떠날 생각을 할 것이다.

지구와 모든 사람들이 자동시스템과 환경문화로 다시 복귀할 때까지 우주에 떠돌아다니면서 머물 수도 있다. 파괴된 환경은 우주로 복귀하기까지 시간으로 인해 체류하면서 자체 생존에 필요한 적응성으로 생활하다 우주인 1세대가 끝나고 다음 2세대가 태어나서 자라 그들의 부모로부터 말로만 듣던 지구에 대한 막연함이 두려움이 생길 것이다. 그러한 연유로 잠시 착륙했다가 다시 부모와 살았던 우주의 별에 되돌아 갈 수도 있다. 그렇게 된다면 이게 바로 우주미아가 될 수도 있을 것이다. 마치 전쟁터 같은 본토를 두고 정착할 곳을 찾아서 떠돌아 다니는 난민처럼 말이다.

그리고 많은 세월이 흐른다면 우리 눈에는 그들이 '외계인'으로 다가올 수도 있다.

아무리 첨단시설과 자동화된 컴퓨터시스템으로 우주의 별을 별장으로 삼는다 할지라도, 지구자체가 문제가 되고, 파괴한다면, 100년~200년 사이에 원시시대로 되돌아 갈 수 있는 확률이 만분의 일이 될 수 있다는 것이다.

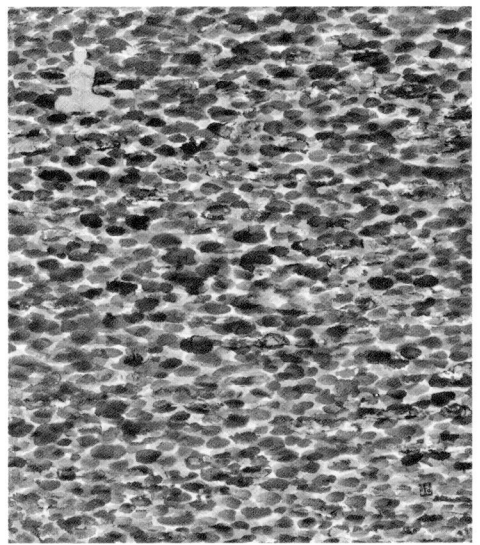

2009 물속에서 나를 보다 II / 53×45.5cm / 한지에 수묵 / 2009

에필로그

이 책을 보고 나서 되도록 빨리 잊어버리십시오.
모든 생각과 망상을 내려놓고, 기쁨과 슬픔 등 모든 감정도 들지 않게 하여
마음속의 무소유로 나아가십시오.
여기에서 무소유의 개념은 모든 생각과 욕망을 우리가 달을 보는 시각처럼
시각과 달 사이의 허공처럼 비우세요.
시방 진허공계는 우리가 보는 하늘과 달과 태양과의 모든 거리도
포함됩니다.

'선(禪)'이라는 것은 직접 경험과 체험으로 얻어지는 것입니다.
간접 체험인 내용을 가지고 시간을 끌 필요는 없습니다.
그래서 조사선(祖師禪)이라는 것은 화두를 가지고 단박에 깨치는 것입니다.
즉 찰나처럼 빠른 시간에 알아내는 것을 말합니다.
수행은 자기가 스스로 하는 것입니다.
남한테 의지하거나 다른 사람한테 힘을 빌려서 한다면
그 자체가 내 생명을 타인한테 맡기는 것과 같습니다.

그래서 체득하여 내 것이 되지 않으면 차라리 안하는 것 보다 못하니
이 조사선에는 팔만대장경(八萬大藏經)이나 다른 불교의 경전을 보며
불법을 많이 듣고 기억하는 시간을 허용하지 않습니다.
다만 부처님의 삶과 언어를 다시 조형해 보면서 사람이 사람다움으로
자각하게 만든 것이 경전입니다.
경전과 경험은 우리가 체득할 수 있다는 것을 설명해 준 것에 불과합니다.
그 설명조차도 설명해주는 사람이 없기 때문에 너무나 귀하게 여겨서
팔만대장경(八萬大藏經)이라 합니다.
최종적인 관문은 바로 마음을 깨달아 견성하는 것이 목적이기 때문입니다.
오히려 남의 간접적인 경험이나 경책들이 당신의 발걸음을 잠시라도
멈추게 하여 자기 자신에게 돌아갈 시간이 방해 될 수 있으니까요.

책을 보고 난 후에 모든 것을 잊어버리고 다시 본인에게 맞는
답을 스스로 구하십시오.
진심으로 하고 싶은 말은 그것뿐입니다.
모든 사람들이 각자의 행복한 삶을 추구하길 바라며
두 손 모아 합장합니다.

- 한경혜 합장

세 관문을 통과하다

초판 인쇄 | 2011년 7월 22일
초판 발행 | 2011년 7월 26일
지은이 | 한경혜
펴낸이 | 한경혜
펴낸곳 | 작가의집
등록번호 | 제535-2005-00004호
등록일자 | 2005년 10월14일
경상남도 김해시 진영읍 내룡리 702
전화 055-345-9945
서울사무소 전화 02-507-2344 팩스 02-507-2344
전자우편 | korea-artist@hanmail.net
홈페이지 | www.artisthouse.co.kr

ISBN 978-89-957364-2-5 03810

* 작가의 집에서 나온 잘못된 책은 교환해 드립니다.
* 본 책의 저작권은 작가의 집에 있습니다.